Zander

König David im Café

Hans Conrad Zander

König David im Café

Höchst sonntägliche Weisheiten

Patmos

Bibliographische Information der Deutschen Bibliothek
Die Deutsche Bibliothek verzeichnet diese Publikation
in der Deutschen Nationalbibliographie;
detaillierte bibliographische Daten sind im Internet über
http://dnb.ddb.de abrufbar.

Umschlagbild: »Kleines Frühstück«.
Reproduktion eines Ölgemäldes von Gisela Breitling
Nachdruck mit freundlicher Genehmigung
– haus grenzenlos – verlag, uhlenhorster weg 37, 22085 hamburg
Illustrationen: Heribert Schulmeyer, Köln
Printed in Germany
ISBN 3-491-69013-7

Inhalt

Höchst sonntägliche Weisheiten im Monat Januar

König David im Café

Ratlos, hilflos stehe ich jeden Sonntag vor der gleichen Frage: Soll ich heute morgen zur Kirche gehen, oder soll ich lieber ins Café?

Meine Kirche ist jenes letzte Kölner Gotteshaus, wo noch die alte Messe nach dem heiligen Ritus von Trient unverfälscht gefeiert wird. Mein Café ist jene erste Kölner Szenen-Kneipe, wo keinerlei Bummbumm-Musik mehr erklingt. Eine Kirche ohne McDonald's-Liturgie, ein Café ohne Bummbumm-Musik. Fragst du mich, was schöner sei, fällt mir die Antwort schwer.

Ein bißchen verraucht, ein bißchen verschummert, mit Kerzen und mit Blumen auf der Theke wie auf dem Altar – die Stimmung ist in meinem Café die gleiche wie in meiner Kirche. Im Mittelalter gab es dafür einen theologischen Begriff, das »aevum«. Wo die Zeit aufgehört hat und die Ewigkeit noch nicht begonnen, da ist das »aevum«. Im aevum, sagt der heilige Thomas, schweben die Engel. Sie schweben in meinem Café genauso wie in meiner Kirche.

Das Publikum macht die Entscheidung mir nicht leichter. Junge Leute sind es im Café, alte in der Kirche. Doch sie sind sich näher, als ihnen selbst dünkt. Wie den alten Leuten in meiner Kirche, so ist den jungen in meinem Café anzusehen, daß sie in diesem Leben nichts mehr beitragen werden zur Steigerung des Bruttosozialprodukts. Ich auch nicht mehr. Wo also soll ich hin am Sonntagmorgen, in die Kirche oder ins Café?

Auch das Personal sieht sich an beiden Orten zum Verwechseln ähnlich. In der Kirche ist es ein alter Priester, im Café ist es eine junge Frau. Junge Frauen haben auf mich genau die gleiche Wirkung wie alte Priester. Beiden öffnet meine Seele sich wie eine Blume. Unwiderstehlich drängt es mich, mein ganzes Leben zu erzählen, dem alten Priester ebenso wie der jungen Frau. Mein nutzloses, mein verpfuschtes Leben. Mit allen meinen Todsünden. Und beide, der alte Priester und die junge Frau, schenken mir nach meiner Lebensbeichte zum Schluß gewiß den gleichen Blick: Tout comprendre c'est tout pardonner – Alles verstehen heißt alles verzeihen. Wo also soll ich alter Sünder heute morgen beichten gehen? Soll ich in die Kirche, oder soll ich ins Café?

Es steht geschrieben in der Königsteiner Erklärung der Deutschen Bischofskonferenz, daß ein Christ sich gegen die Kirche entscheiden darf, jedoch erst nach strenger Prüfung seiner Seele und aus keinen anderen Gründen als aus denen des Gewissens. Sollte ich mich also heute morgen schließlich doch eher fürs Café entscheiden als für die Kirche, so geschähe dies ausschließlich aus religiösen Gründen. Wahrlich wahrlich, ich sage euch, zwischen Kirche und Café ist letztlich doch ein Unterschied.

Es ist der gleiche Unterschied wie im Theater. Tragödie oder Komödie? Die meisten halten es mit der Tragödie. Doch es gibt auch Menschen, die wie ich die Komödie höherschätzen.

Gespielt wird in der Kirche die göttliche Tragödie. Am Altar hängt der Gekreuzigte. Im Café ist es der andere Gott. Pans und Pindars Gott steht an der Theke. Der Gott der Komödianten. Kein christlicher Gott ist das. Doch bin ich mir auch nicht sicher, ob es der Gott der Heiden sei.

Ich sitze am Sonntagmorgen im Café. Vor mir ein kleines Glas weißen Wein. Und mit einem Mal überkommt mich das gleiche göttliche Erleben wie König David, als er zur Leier griff und sang: »Vacate et videte quoniam ego sum Deus – Tuet gar nichts, und ihr werdet Gott schauen.«

46. Psalm, 11. Vers.

Von der Religiosität der Katzen

Schau dir einmal eine Katze an. Wie sie von Zeit zu Zeit die Augen einen Spalt breit öffnet, ganz gesammelt und zugleich ganz gelöst. Sie beherrscht die höchste Kunst der Religion: Die Katze meditiert. Schau im Sommer, wie sie sich hier und dort im Garten hinlegt oder setzt. Wie perfekt sie sich mit jeder Geste einfügt in ihre Welt. Mehr als ein frommer Mensch besitzt die Katze den Sinn für kosmische Harmonie. Noch in ihren Lastern erweist sie sich als religiöses Wesen: So scheinheilig wie eine Katze kann auch der frömmste Mensch nicht sein.

In christlicher Eintracht habe ich viele Jahre mit einer Katze gelebt. Vor einiger Zeit ist sie gestorben. Drei Wochen danach stand ich schon vor dem Katzengehege des Tierheims. Sehnsüchtig glitt mein Blick über zwei Dutzend Katzen. Doch an keiner blieb er haften. Die junge Frau, die das Gehege betreut, sah mich von der Seite her prüfend an: »Kommen Sie mit«, sagte sie und öffnete die Tür zu einem kleinen Raum mit der Aufschrift »Zutritt streng verboten«.

Ein Bild des Jammers. In einer Art Kaninchenkäfig kauerte eine Katze, die nur noch ein paar Büschel Haare hatte. »Sie hat Hautpilz«, erklärte die Pflegerin, »aber das ist nicht der Grund, warum wir sie isolieren mußten. Sie ist so sensibel, daß sie sich mit anderen Katzen nicht verträgt. Und dann«, fügte sie behutsam hinzu, »ist da noch etwas, was ich Ihnen sagen muß: Sie ist hier abgegeben worden, weil sie nicht sauber war.«

Ich hörte gar nicht hin. Nicht Mitleid beherrschte meine Seele, sondern jenes schicksalhafte Gefühl, das Goethe »Wahlverwandtschaft« nannte. Dies war meine Katze, und ich war ihr Mensch.

»Es ist eine reine Kartäuserkatze«, fuhr die Pflegerin fort. »Deshalb heißt sie Bruno. Weil der heilige Bruno von Köln den Kartäuserorden gestiftet hat.« Und sie packte Bruno, der bei dieser Gelegenheit die letzten Haare verlor, in meinen Korb.

Es wäre ein Mangel an christlicher Demut, wollte ich alle die Werke der Barmherzigkeit schildern, die ich in den folgenden Wochen an Bruno vollbracht habe. Vom teuersten Tierarzt in Düsseldorf antimykotisch behandelt, mit Geschnetzeltem nach Zürcher Art verwöhnt, mit biologisch-dynamischen Gemüseflocken aus Frankreich verpäppelt, war Bruno schon nach einem Vierteljahr, in seinem stahlblauen Sammetfell, der schönste Kartäuser von Köln.

Doch je selbstloser ich ihn gesundpflegte, desto mehr wurde Bruno mir zum religiösen Ärgernis. Zum ersten Mal in meinem Leben, schien es mir, war ich an eine gottlose Katze geraten.

Von kosmischer Harmonie keine Spur. Wo immer er sich setzte, drehte Bruno mir den Rücken zu, verkrampft und feindselig. Und keine Meditation. Haben Sie es jemals erlebt, wie eine Kartäuserkatze ihre gelben Augen einen bösen Blick breit öffnet?

Glauben Sie mir, eine graue Katze kann viel verteufelter sein als eine schwarze! In meinem Hause stank es wie in Dantes elftem Höllengesang.

Schon wollte ich Bruno aus religiösen Gründen ins Tierheim zurückbringen, als mir der heilige Thomas Morus in den Sinn kam. Thomas Morus stellte eines Tages fest, daß in seinem weitläufigen Haushalt in London ein Protestant war. Sollte er ihn verstoßen?

Nein, sagte sich der Heilige, so etwas wäre unchristlich. Also behielt er den Protestanten im Haus, ging ihm aber nach Möglichkeit aus dem Weg. Gemäß der Mahnung des Apostels Paulus im Brief an Titus, 3. Kapitel, 10. Vers: »Einen ketzerischen Menschen meide!«

Um Bruno nicht zu verstoßen, um ihn aber im Sinne des Apostels zu meiden, verlegte ich Brunos Töpfchen, Brunos Näpfchen, Brunos Kistchen alles in die Waschküche. Und damit ich ihm nicht einmal mehr die Tür zum Garten zu öffnen brauchte, schnitt ich ins Fenster der Waschküche ein kleines, nur mit einem Plastikvorhang verschlossenes Katzentörchen. »Une chatière«, sagen dazu die Franzosen.

Ein Wunder! Vom Augenblick an, als er durch sein eigenes Törchen beliebig kommen und verschwinden konnte, wandelte sich Brunos Wesen wunderbar. Beim Füttern ein erstes schnurrendes Streichen um die Hosenbeine. Fast so rein wie ein gregorianisches Alleluja ein erstes seliges Miau. Bruno wurde stubenrein.

Und dann ein Sprung auf meinen Schoß. Haben Sie es jemals erlebt, wie eine Kartäuserkatze ihre gelben Augen einen Spalt breit öffnet? Das ist viel mehr als Meditation. Aus Brunos Blick sprach reine Anbetung.

Siehe, die Katze ist doch von allen Lebewesen das religiöseste. Was Bruno von mir brauchte, ist genau das, was ich bei Gott suche: nicht karitative Betreuung, sondern Freiheit. Dies, sagt der heilige Augustinus, ist das innerste Wesen gesunder Religiosität: »Liebe Gott und tue, was du willst!«

Die Schleife der Erkenntnis

Manchmal werde ich gefragt, was mir an religiöser Gewißheit bleibt nach einem langen, ganz der Theologie gewidmeten Leben. Es bleibt mir eines. Mir bleibt beim täglichen Gang ins Café die Schleife auf dem Hintern der Serviererin.

Nicht daß es zu den großen Erlebnissen meiner Kindheit zählte, als ich das erste Mal mitdurfte in die Konditorei. Als mir das Fräulein den ersten Mohrenkopf brachte, als ich zum ersten Mal auf ihrem Hintern die weiße Schleife sah, war dies von allen Symbolen jener frühen Jahre das geringste. Doch es ist das einzige, das blieb.

Noch war ich nicht aus der Volksschule, da wurde schon die Bettflasche abgeschafft, der Nachttopf, das Korsett. Der Zeppelin wurde abgeschafft, die Dampflokomotive und dann sogar das Trottinett. Alle Symbole meiner biedermeierischen Kinderstube wurden abgeschafft. Doch meine kleine Welt blieb heil. Es blieb ja eines: Mir blieb am Sonntag im Café die Schleife auf dem Hintern der Serviererin.

Dann wurde das Deutsche Reich abgeschafft. Die Polizei kam mitten in der Nacht und nahm dem »Bund treuer Eidgenossen nationalsozialistischer Weltanschauung« die Blutfahne weg. Stalin starb auch. Aus dem Kino verschwand »Fox Tönende Wochenschau«. Alle politischen Symbole meiner Jugend waren abgeschafft. Es kränkte mich nicht.

Mir blieb ja eines: Es blieb die Schleife auf dem Hintern der Serviererin.

In der schweizerischen Armee wurde der Gewehrgriff abgeschafft, das große Parade-Ritual. Ich hatte es zehntausendmal geübt. Die Flak-Kompanie 11 wurde aufgelöst. Die Habacht-Stellung wurde abgeschafft. Vorzeitig wurde ich dem Landsturm zugeteilt. Niemand sollte je erfahren, wie mich das schmerzte; man sah mich jetzt nur etwas häufiger ins Café gehen. Unabschaffbar blieb die Schleife auf dem Hintern der Serviererin.

Dann brach der Himmel über mir zusammen. In der Katholischen Kirche wurde der Tridentinische Ritus abgeschafft. Von einem Tag auf den andern wurden die Altäre alle umgedreht. Das Latein wurde abgeschafft. Die humanistische Bildung wurde abgeschafft. Der Weihrauch wurde abgeschafft. Thomas von Aquin wurde abgeschafft. Der Gregorianische Choral wurde abgeschafft. Die päpstliche Tiara wurde abgeschafft. Abgeschafft die heiligsten Rituale, die stärksten Symbole unserer Kultur.

Eines blieb. Eines überstand allen Modernismus und alle Liturgiereform: Unabschaffbar, unvergänglich bleibt die Schleife auf dem Hintern der Serviererin.

Ist diese Schleife vielleicht gar kein so schwaches, so bedeutungsloses Symbol, wie ich seit frühen Kindertagen glaubte? Eignet dieser Schleife, wenn schon kein heller Sinn, so doch vielleicht eine dunkle Magie? Ist sie vielleicht ein animalisches Lockzeichen, an erotischer Ursprünglichkeit vergleichbar der Blume der Häsin, dem Bürzel der Ente, dem Cul de Paris?

Ist die Schleife der Serviererin vielleicht jenes letzte, unauflösbare Tabu, das durch die sexuelle Phantasie der Alten Griechen geisterte, und das sie, geheimnisvoll, den Gordischen Knoten nannten? Müssen wir, biblisch, gar sprechen von der Schleife der Erkenntnis?

Nein. Gerade nämlich, als ich dieser freudianischen Vermutung nachging, geschah das Unaussprechliche: Der Hintern der Serviererin wurde abgeschafft.

Zuerst wurde, draußen in der Welt, der Titel »Fräulein« abgeschafft. Drinnen im Café bleibt jetzt dem Gentleman, wenn er bezahlen will, nur eine stumme, genierte, verzweifelte Handbewegung. Doch das Bezahlen ist das schlimmste nicht. Viel schlimmer ist es beim Bestellen.

Zu meiner Zeit war dies die schönste und strengste Sitte des schweizerischen Gastgewerbes: Wenn er bestellte, durfte der Gast die Saaltochter um den Hintern fassen. Jede weitere Geste war tabu und ist auch niemals vorgekommen. Doch dieses eine durfte ich. Ich durfte, während ich meinen thé crème bestellte, Susi locker um den Hintern fassen. Nun, mit einem Mal, wollte Susi das nicht mehr haben. Es sei gewiß gut gemeint, klärte sie mich auf, doch entspreche es nicht mehr ihrer neuen Würde als moderne, emanzipierte Frau.

Wie ein Kartenhaus brach meine ganze psychoanalytische Hypothese zusammen. Denn war auch

Susis Hintern abgeschafft, so blieb doch, alle Emanzipation überdauernd, ohne jeden sexuellen Sinn, unabschaffbar, unauflösbar die Schleife auf dem Hintern der Serviererin.

Der Bankrott der Psychoanalyse ist der Triumph der Theologie. Man braucht nicht Zen-Buddhist zu sein, um zu erkennen, daß alle sinnvollen Zeichen vergänglich sind und ewig nur das sinnlose Symbol. Die päpstliche Tiara zum Beispiel hatte einen Sinn. Sie drückte eine bestimmte Auffassung vom Amt des Papstes aus. Gerade deshalb war es aber auch sinnvoll, die Tiara abzuschaffen, als diese Auffassung vom Amt des Papstes schwand. Und ebenso der Titel »Fräulein«. Er hatte einen Sinn, solange es die Jungfräulichkeit noch gab. Gerade deshalb aber war es auch sinnvoll, die Anrede mit »Fräulein« abzuschaffen, als die Jungfräulichkeit verschwand. Ewig bleiben aber wird die Schleife auf dem Hintern der Serviererin. Denn sie ist gänzlich sinnlos.

Wir sind jetzt ganz nahe an den letzten, tiefsten Einsichten der Theologie. »Credibile, quia ineptum«, hat Tertullian gesagt, der größte christliche Theologe des Altertums: »Credibile, quia ineptum – Glaubhaft ist allein der Unsinn.« »Certum, quia impossibile – Fest steht allein das Unmögliche.« »Credo, quia absurdum – Weil es absurd ist, glaube ich.«

Die Umstände, unter denen Tertullian diese Theologie des Unsinns entwarf, sind in der Dogmengeschichte umstritten. Zu Unrecht. Ich weiß, was Tertullian tat, als er, vor achtzehnhundert Jahren, sein »Credo, quia absurdum« schrieb. Tertullian saß in einem Café in Karthago und starrte auf die Schleife.

Die Schleife auf dem Hintern der Serviererin.

Australische Erleuchtung

Ob ich an die göttliche Vorsehung glaube? Die Antwort fällt mir leicht: Bis zu meinem 52. Geburtstag habe ich nicht an die göttliche Vorsehung geglaubt. Aber jetzt glaube ich an sie.

Die Umstände fügten es, daß ich meinen 52. Geburtstag in Australien feierte, in Queensland, hoch oben im Nordosten, am Rand der Savanne. Ich wohnte dort ganz allein in einem Blockhaus. Wenn ich auf der Veranda saß, sah ich hinaus auf einen kleinen Weiher, den Schraubenpalmen und Eukalyptusbäume locker umsäumten.

Noch am Tag vor dem Fest war ich eigens nach Rollingstone gefahren – so heißt dort die nächste Stadt –, hatte eine kostbare Flasche Penfolds Grange Hermitage gekauft und einen neuen Walkman mit fünf Equalizern.

So saß ich jetzt in meinem Schaukelstuhl auf der Veranda vor dem Blockhaus, trank Australiens besten Wein, hörte die Königlichen Konzerte von François Couperin und sah im abendlichen Dämmerlicht hinaus in eine Landschaft, deren zarte Pastelltöne schon die malerische Vollkommenheit der australischen Wüste ankündigten. Die Welt war schön. Und es fehlte mir zum vollkommenen Glück nur eines: ein ganz klein bißchen menschliche Gesellschaft.

In diesem Augenblick raschelte etwas hoch oben in der Schraubenpalme vor meiner Veranda. Jäh kam es durch die Luft gesprungen. Klatsch, landete es auf dem Geländer, einen Arm weit vor meinem Schaukelstuhl. Blieb reglos liegen. Und sah mir staunend ins Gesicht.

Ein Baumfrosch. Er war etwa zwei- bis dreimal so groß wie ein Frosch bei uns und einfarbig grasgrün. Mit seinen kugeligen Augen, mit seinem enormen, rundum fest zusammengepreßten Maul sah er mich an, als ob er sich mit größter Mühe nur das Lachen über mich verbeißen könne.

Aus Angst, ihn zu verscheuchen, wagte ich nicht die geringste Bewegung. Auch der Frosch regte sich nicht. Nur die Knopfaugen rollte er von Zeit zu Zeit. Plötzlich merkte ich, was der Frosch tat. Ein kölsches Wort kam mir dafür in den Sinn: Hä tät misch belure.

Er belugte mich. »Was bist du für ein komischer Kerl?« schien er zu sagen. »Sitzest an deinem 52. Geburtstag allein im australischen Busch. Mit einer Flasche Penfolds Grange Hermitage und einem Walkman mit fünf Equalizern als einzigen Gefährten.«

Ich hatte jetzt Lust auf einen Schluck Wein. So sachte als möglich führte ich das Glas zum Munde. Der Frosch rührte sich nicht. Dann war auch das zweite Königliche Konzert zu Ende. Für das dritte mußte ich die Kassette wechseln. Den Frosch störte es nicht. Da wurde mir klar, daß ich ganz unbekümmert trinken und Musik hören, ja, daß ich aufstehen und zurück ins Blockhaus gehen konnte, um mir etwas zu essen zu holen. Der Frosch war ja nicht zufällig gekommen, und so würde ihn auch kein Zufall wieder verscheuchen.

»Manchmal«, heißt es in der Bhagavad-gita, »erscheint Gott in menschlicher Gestalt.« Dieser eine kleine Satz in der Heiligen Schrift der Hindus hat mir stets mehr bedeutet als unser ganzes Neues Testament. Jetzt aber erkannte ich, daß auch in der Bhagavadgita etwas ungesagt geblieben ist: Manchmal erscheint Gott in der Gestalt eines Frosches.

Es war nach Mitternacht, der Penfolds Grange Hermitage war ausgetrunken, die Königlichen Konzerte waren alle sechs vorbei. Ich stand auf, um schlafen zu gehen. Da bewegte sich zum ersten Mal auch der Frosch. Er drehte sich auf dem Geländer und wandte mir, zum Sprung bereit, den Rücken zu. Doch sind die Kugelaugen der australischen Baumfrösche so groß, daß er mich weiter in seinem Blickfeld hatte. Rückwärts tät hä misch ein letztes Mal belure. »Also dann«, sagte sein Blick, »das war dein Geburtstag. Wir sehen uns bald wieder.«

Sprach's und verschwand in der grenzenlosen australischen Nacht.

Keiner weiss, wohin er geht

»Sir«, sagte die Herrin von Teignworthy, »wir haben für Sie unser fröhlichstes Zimmer reserviert.« Und sie schritt mir quer über den Hof voran.

Teignworthy, in der Heide von Dartmoor, ist Englands nobelstes Country House. Es hat nur neun Zimmer. Teignworthy ist nobler als seine Gäste, so nobel, daß man von Preisen gar nicht spricht.

Vor einem kleinen Nebengebäude blieben wir stehen. »That's the hayloft, Sir«, sagte die Herrin von Teignworthy, »das ist unsere Heudiele. Sie werden das Zimmer lieben.« Dann umflorte sich ihr Blick. Sie sah auf meinen Koffer.

Es war der große Transatlantik-Koffer, mit dem mein Großvater nach Brasilien ausgewandert ist. Ich reise immer mit diesem Koffer. Das ist mein gutes Recht.

Augenblicke später verstand ich den besorgten Blick. Als Stiege zur Heudiele diente nämlich ein postmodernes Wendeltreppchen aus Leichtmetall, das so eng in sich gedrechselt war, daß sich der Koffer sperrte. Am einfachsten war es, meine Bagage an der Tür auszupacken und bündelweise durch die Wendeltreppe hochzureichen.

Ein Blick ins Badezimmer: Der Spiegel hing nicht über dem Waschbecken, sondern über dem Klo. Das Klopapier war über der Badewanne so befestigt, daß man, als Rechtshänder jedenfalls, die Rolle nur erreichte, wenn man von der Klobrille aufstand und sich im Stehen dem Spiegel zudrehte.

Beim Candlelight-Dinner blies der Durchzug wild in die Kerze auf dem Tisch. Offensichtlich saßen wir im umgebauten Flur des Hauses. Auch störte mich, daß die Bohnen zum Lamm nicht gekocht waren, ja nicht einmal gedünstet. Sie waren roh. Ein flämischer Geschäftsmann am Nebentisch gab mir jedoch zu verstehen, daß daran nichts auszusetzen sei. Er sprach von Nouvelle Grande Cuisine Anglaise.

Über meinem Tischchen hing eine alte Photographie: »Das erste Automobil auf Teignworthy«. Sieh da, es stand vor meinem »Hayloft«. Von Heu keine Spur. Man hatte mich ganz oben in die – erst kürzlich umgebaute – Garage gesteckt.

Es wurde eine stürmische Nacht. Das lag an einem Fehler in der elektronischen Verdrahtung meines Badezimmers. Vorgesehen war wohl, daß sich beim Öffnen der Tür zum Badezimmer jedesmal Licht und Lüftung automatisch einschalten sollten. In Wirklichkeit ging jedesmal, wenn im Badezimmer die thermostatisch geregelte Heizleiste erlosch, im Schlafzimmer die große Stehlampe an. Es war halb zwei, als ich das durchschaute. Danach schlief ich wie ein Stein.

Beim Breakfast war das Ambiente ähnlich wie beim Dinner. Das lag daran, daß die Tür zum Nebenraum offenstand und man von dort den Staubsauger heulen hörte. Am Selbstbedienungsbuffet geriet ich wieder mit dem flämischen Geschäftsmann ins Gespräch. Er sprach von Teignworthy. Er sprach von Werten. Und er sprach von den Gewißheiten großer Tradition. Er selbst sei aus namenlosen Verhältnissen aufgestiegen. Er beneide alle, die Tradition besitzen. »Solche Menschen«, sagte der Flame, »sind anders als wir. Sie wissen, woher sie kommen und wohin sie gehen.«

Dem widersprach ich. Tradition, so will mir scheinen, ist nichts als ein Kitschkabinett von Antiquitäten, die sich die jeweils Lebenden hastig zusammenplündern, zusammenstehlen, zusammenkaufen, zusammenschwindeln, zusammenpfuschen. Zum Beweis erzählte ich dem Belgier im Detail, was ich binnen 24 Stunden auf Teignworthy alles erlebt hatte: Englands feinste Tradition.

Wir sprachen deutsch, der Flame und ich. Nicht einen Augenblick kam mir in den Sinn, daß der englische Hotelgast, der neben uns am Frühstücksbuffet stand, die Kritik verstehen könnte. Plötzlich sah ich, daß er tiefrot, fast scharlachrot angelaufen war. Ob vor Scham oder vor Wut, war nicht zu erkennen. Dann platzte es aus dem Engländer heraus: »That's the hotel, where Prince Charles goes!«

Es gibt ein Los, das alle Menschen teilen: Auch Prinz Charles weiß nicht, wohin er geht.

Höchst sonntägliche Weisheiten im Monat Februar

Grösser als Archimedes

Eins weiß ich besser als ihr alle: was Archimedes empfand, als er im Bade lag, und ihm das Heureka der Erleuchtung entfuhr. Was vorging in Isaac Newton, als ihm der Apfel auf den Kopf fiel, und was für ein Gefühl Albert Einstein überwältigte, als er das Gesetz der Relativität erkannte – dies wußte ich schon besser als ihr alle, als ich noch nicht einmal lesen oder schreiben konnte.

Aber ging ich auch noch nicht zur Schule, so ging ich doch bereits zur Kirche. An einem Sonntagmorgen fügten es die Umstände, daß ich ein paar Minuten zu spät zur Messe kam.

Schon hatte der Priester mit dem »Asperges me« begonnen, und so konnte ich nicht mehr nach vorne rechts zu den Bänken für die Knaben. Rechts bei den Männern hatte ich nichts zu suchen, und links mich hinzustellen zu den Frauen, verbot die Ehre mir. So gab es für mich kleinen Bub nur einen Platz. Das war die Nische ganz rechts hinten. Ganz rechts hinten aber, neben dem Weihwasserbecken, stand bereits er.

Er, das war ein mongoloider junger Mann, großgewachsen, blond und vielleicht zwanzigjährig. Seine Mutter, eine kleine, gebückte Frau, pflegte ihn, da sie ihn ja nicht mit zu den Frauen nehmen konnte, vor der Messe auf der Männerseite zuhinterst, neben dem Weihwasserbecken, abzustellen, recht so wie andere einen Hund vor einem Laden abstellen. Jetzt stand ich neben ihm und sah zu ihm hinauf.

Obwohl er sich mit den Füßen nicht von der Stelle rührte, war das Gebärdenspiel seines Gesichts und seiner Hände von großer Lebhaftigkeit. Weil er aber soviel größer gewachsen war als ich, und weil ich mich zuerst nur verstohlen getraute, zu ihm aufzusehen, dauerte es eine ganze Weile, bis ich durchschaute, was er tat. Der Schwachsinnige machte jede Geste des Priesters vorn am Altar nach.

Dies war noch die Zeit des alten lateinischen Ritus, und wer nicht mehr weiß, was das war, dem sei gesagt, daß dies ein Ritus von großer Kompliziertheit war. So kompliziert, daß ich ihn, obwohl ich selber als Kind Meßdiener war, nie ganz verstanden habe, und deshalb bei jeder Messe, sei es mit dem Meßbuch, sei es mit der Glocke, sei es mit dem Weihrauchfaß, etwas falsch machte.

Der Schwachsinnige machte nichts falsch. Ob der Priester am Altar die Hände ausbreitete oder faltete, ob er den Kelch hob oder das Missale küßte, hinten neben dem Weihwasserbecken, im Halbdunkel neben mir machte der Mongoloide jede Bewegung richtig nach.

Machte er sie nach? Nein, im Gegenteil: Bei jeder rituellen Geste kam der Schwachsinnige dem Priester um zwei bis drei Sekunden zuvor. Dann blickte er gebannt nach vorn. Sah er dann, daß der Priester wirklich die gleiche Gebärde nach-vollzog, dann schüttelte er sich vor Lachen, ganz lautlos, doch mit weit aufgerissenem Mund. Barlach allein hätte das

Lachen dieses Mongoloiden malen können und das maßlose Glück der Erkenntnis, das in diesem Lachen lag.

Der Schwachsinnige hatte wohl keinen Zusammenhang verstanden, wohl aber eine Abfolge, und zwar eine recht schwierige. Er war fähig zum wichtigsten Akt der Wissenschaft, nämlich zur Voraussage. Und diese Fähigkeit des menschlichen Geistes erfüllte ihn mit reinem Glück. Heureka!

Seit jenem Kindheitstag sind viele Jahre ins Land gegangen. Auch der Mongoloide ist schon lang gestorben. Manchmal aber gerate ich unter Leute, die sich fragen, ob es so etwas wie Erkenntnis gebe, und was das sei, des Menschen Geist.

Bei solchen Gesprächen pflege ich zu schweigen mit dem Lächeln dessen, der es besser weiß. Ich bin ja als kleiner Bub einmal zu spät zur Kirche gekommen und habe so, eine heilige Messe lang, aufgeschaut zu einem Mongoloiden.

Und siehe, neben mir stand mehr als Archimedes.

Lob der Torheit

Wie der stellvertretende Geschäftsführer der deutschen »Gesellschaft für Sicherheitswissenschaft« in meine Gartenlaube geriet, brauche ich nicht zu erklären. Genügen mag die Feststellung, daß ich, bevor er seinen Fuß über die Schwelle meines Gartentores setzte, nicht einmal wußte, daß es so etwas wie Sicherheitswissenschaft überhaupt gibt. Bei einer Tasse Tee wollte der Gelehrte mir das klarmachen.

Es wurden zehn Tassen Tee, und es wurde das faszinierendste Gespräch, das ich je mit einem Wissenschaftler führte. Obwohl es todlangweilig anfing. Sicherheitswissenschaft, so mußte ich zuerst erfahren, ist eine von unzähligen neuen Wissenschaften, und sie ist, wie könnte es anders sein, »multidisziplinär«. In den Grenzbereichen der naturwissenschaftlichen Forschung, der Maschinentechnik und der Risikosoziologie greift sie, von Lehrstuhl zu Lehrstuhl, von Planstelle zu Planstelle, von Kongreß zu Kongreß, unübersehbar um sich. Es interessierte mich nicht. Niemanden interessiert so etwas. Es gibt ja so viele neue Wissenschaften, ob »multidisziplinär« oder nicht, so viel neues Wissen, wie es Galaxien gibt im All. Niemand überblickt es mehr. Niemand regt es mehr auf. Mich auch nicht.

Doch dann, bei der zehnten Tasse Tee, unüberlegt, aus lauter Überdruß von mir gestellt, die Brechtsche Frage: Hat diese neue Wissenschaft Safety Science denn schon »was rausgekriegt«? Die

Antwort kam ohne Zögern. So sehr sich in der Sicherheitswissenschaft, wie in aller Wissenschaft, alle in allem widersprächen, so herrsche doch in einem Punkte, schon nach wenigen Jahren der Forschung, multidisziplinäre Einigkeit: daß es nämlich so etwas wie Sicherheit letztlich gar nicht gibt. Ja mehr noch: daß es so etwas wie Sicherheit letztlich gar nicht geben kann.

O altitudo sapientiae! Und das in einer so jungen Wissenschaft. Wenn ich dagegen an jene uralte Wissenschaft denke, in der ich selber ein bißchen zu Hause bin: Fast zwei Jahrtausende hat die Theologie gebraucht, um, ahnungsvoll und noch immer unschlüssig, sich vorzutasten zu der gleichen Erkenntnis: daß es auch in dieser Wissenschaft den eigentlichen Gegenstand gar nicht gibt.

Schweigend saßen wir beide in der Gartenlaube und starrten in unsere leeren Teetassen. Keiner wagte, es auszusprechen. Wie nämlich, wenn der jungen Wissenschaft Safety Science eine galileische Erkenntnis gelungen wäre? Eine Erkenntnis, die für die gesamte ungeheure, unabsehbare Lawine des Wissens omnidisziplinäre Gültigkeit besitzt? Daß es nämlich den eigentlichen Gegenstand aller Wissenschaft, daß es – ganz präzis gesagt – so etwas wie Wissen letztlich gar nicht gibt. Weil es so etwas wie Wissen letztlich gar nicht geben kann.

In schönen Sommernächten, so wird berichtet, saßen Erasmus von Rotterdam und Thomas Morus draußen im Garten, unter den Bäumen von Chelsea an der Themse. Zum Ärger von Frau Morus benahmen sich die beiden großen Geister reichlich kindisch, Witze reißend die ganze Nacht. Witze über die immense Bescheidwisserei, Witze über den trostlosen Wissensdünkel im wissenschaftlichen Betrieb ihrer Zeit. Und wenn der Tag anbrach, wenn sachte sich die Nebel über der Themse hoben, dann stimmten sie zusammen, noch immer vergnügt wie zwei kleine Jungs, das »Lob der Torheit« an.

Sokrates im Hunsrück

Die Frage, warum ich kein Fernsehen habe, pflegt mich in nicht geringe Verlegenheit zu stürzen, und gewöhnlich weiche ich einer Antwort aus. Nur wenn ich im Gesicht des Fragestellers jene helle und zugleich unaufdringliche Neugier lese, aus der die Fähigkeit, etwas zu verstehen, spricht, dann nur erzähle ich von meiner Begegnung mit dem Nervenarzt im Hunsrück.

An einem späten Nachmittag im Winter hatte ich den Gelehrten in seinem Landhaus bei Emmelshausen besucht. Als wir unsere Geschäfte durchgesprochen hatten, lud er mich ein, noch etwas zu verweilen. Und er holte zwei Gläser.

Es war Montagabend, ich war etwas abgespannt, und so tat ich, um mir das Gespräch leichtzumachen, das Nächstliegende: Ich redete über den neuesten »Spiegel«. Doch es war, als sei mein Gastgeber zu sehr damit beschäftigt, die Flasche zu öffnen, so einsilbig waren seine Antworten. Mit einem Mal sah er mir prüfend ins Gesicht. »Ich könnte mir vorstellen«, meinte er leise, »daß Sie jemand sind, dem ich es sagen kann. Ich kann leider nicht mitreden. Ich lese den ›Spiegel‹ nicht.«

Sprachlos starrte ich ihn an. Ein gebildeter Mann in verantwortungsvoller Stellung, der am Montag den »Spiegel« einfach nicht liest, der es von vornherein hinnimmt, die ganze Woche über nicht mitreden zu können, wie ist so etwas überhaupt möglich?

»Es ist einfach«, sagte mein Gastgeber. »Als Nervenarzt neige ich zur Selbstbeobachtung. So ist mir aufgefallen, daß ich jedesmal, wenn ich den ›Spiegel‹ gelesen hatte, an einer Depression litt. Als hätte ob der Fülle mitgeteilter Wissbarkeiten mein kleiner Verstand nicht nur die Möglichkeit verloren, sondern auch die Fähigkeit, Eindrücke selbst zu suchen und zu ordnen. Als hätte eine Trostlosigkeit mich übermannt, für die es im Grunde nur einen lateinischen Eindruck gibt: desolatio cognitiva.«

Der Gelehrte war aufgestanden und zum Bücherregal gegangen. »Hier«, sagte er, »Brockhaus' Konversations-Lexikon, Band 14 von 1908. Machen Sie doch einmal das Experiment an sich, so wie ich es an mir gemacht habe. Lesen Sie vier Stunden lang ein wilhelminisches Konversations-Lexikon. Erleben Sie den Unterschied selbst. Nach vier Stunden altem Brockhaus bin ich auch müde. Doch es ist die selige Müdigkeit des erfüllten Geistes. Ach, könnte ich in Ewigkeit so weiterlesen!«

Mit diesen Worten setzte er das Lexikon von 1908 behutsam ins Regal zurück, setzte sich wieder zu mir ans Fenster und sah mir ins Gesicht. »Mit der deutschen Bildung«, sagte er, »ist etwas passiert.«

Unsere wilhelminischen Väter waren überzeugt, alles Wissbare wissen zu können. Wer eine humanistische Bildung besaß und den Großen Brockhaus dazu, dessen Geist überschaute die ganze Welt wie Goethes Türmer. Aus solchem Hochgefühl entstanden die unsterblich schönen Lexika jener Zeit. Es ist dieses königliche Bildungsgefühl, das uns verlassen hat. Ein Dummkopf, wer noch nicht die Hoffnung verloren hat, jemals alle mitteilbaren Wissbarkeiten zu überschauen.

Der »Spiegel« ist ein letzter verzweifelter Versuch, das deutsche Wissens-Universum wenigstens für eine Woche zu restaurieren. Woche für Woche scheitert der Versuch. In dem zwanghaften Stil spiegelt sich das Fiasko ebenso wie in der inhaltlichen Unfähigkeit, das Wichtige vom Unwichtigen zu unterscheiden. Das ist es, was beim Lesen deprimiert.

Was tun? Der Arzt lächelte: »Tun Sie, was ich tue: Ich lese den ›Spiegel‹ nicht und nicht die ›Zeit‹. Ich habe das Fernsehen aus dem Haus gegeben und höre kein Radio mehr.«

Mit einem Mal sah er mich eindringlich an: »Dies ist nicht etwa, wie Sie glauben, der kümmerliche Rückzug des Geistes aus der Welt. Dies ist vielmehr die Rückkehr in den sokratischen Anfang der humanistischen Bildung: ›Ich weiß, daß ich nichts weiß.‹ Und es ist ihr metaphysisches Ende. Es ist die ›docta ignorantia‹ des Nikolaus von Cues.«

So sprach mit leiser, aber fester Stimme der große alte Nervenarzt. Während draußen, auf den öden Feldern des Hunsrück, stumm und schwarz die Krähen hockten und es langsam nachtete.

Das Vermächtnis des Hilfsgeistlichen Alfred Birch

»Es gibt auf der Welt ein paar Dinge, für die sich Gott persönlich interessiert; die Religion gehört nicht dazu.«

Dieser Satz stammt von meinem Urgroßvater. Er hieß Alfred Birch und war Pfarrer der Kirche von England. Noch bewahre ich seine Bestallungsurkunde. Wie alle Dokumente der anglikanischen Kirche hebt sie an mit einer Formel von katholischer Eleganz: »James, by Divine Permission Bishop of Manchester, to our well beloved brother in Christ ...«

Aber nicht in Manchester selbst war Alfred Birch Pfarrer, sondern in Ashton-under-Line. Ich bin dort gewesen. In ganz England gibt es kein ärmeres, kein finsteres, kein trostloseres Loch als Ashton-under-Line. Selbst die Behauptung, mein Urgroßvater sei dort Pfarrer gewesen, ist geschönt. Nicht »vicar« war er, nicht Inhaber der Pfarrpfründe, sondern nur »curate«. Als elender, hungriger Hilfsgeistlicher hat er sein ganzes Leben in Ashton-under-Line verbracht.

James, by Divine Permission Bischof von Manchester, hat dennoch an Alfred Birch gnädig gehandelt. Bei uns in der Kirche Roms, in der Kirche Martin Luthers wäre er nicht einmal Hilfsgeistlicher geworden. Denn er war geisteskrank.

Er litt an religiösen Wahnvorstellungen. Er hatte sie nicht dauernd, sondern nur in Schüben, die drei- oder viermal im Jahr wiederkehrten. Das Erstaunliche war, daß er das selber vorher spürte. Er schrieb dann einen kurzen Brief an den Vicar General nach Manchester, räumte seine Sakristei auf, packte seinen Koffer, nahm Abschied von Frau und Kindern und begab sich ganz von selber für ein paar Tage in die Irrenanstalt nach Manchester. Sobald der Wahn vorüber war, kehrte er zurück und nahm seine Arbeit als Seelsorger so selbstverständlich wieder auf, als wäre nichts gewesen. »Gott«, pflegte er zu sagen, »hat mir eine Gabe der Unterscheidung geschenkt, die unendlich kostbar ist. Denn ich bin ein Mensch, der glaubt. Ich bin auch ein Mensch, der gelegentlich ein bißchen spinnt. Und ich bin der seltene Fall eines Menschen, der zwischen Glauben und Spinnen genau zu unterscheiden weiß.«

Höchst sonntägliche Weisheiten im Monat März

Lifestyle in der Nächstenliebe

Die große alte Dame von Amnesty International wirkte unruhig. Statt sich wie sonst beim Vier-Uhr-Tee geruhsam auszusprechen über Literatur und Politik, warf sie immer wieder verstohlene, ja beklommene Blicke hinüber zu meinem Telephon. »Sagen Sie«, fragte sie plötzlich, »haben Sie auch noch kein Fax-Gerät?«

Sie stelle, so erfuhr ich, diese Frage nicht aus persönlicher Neugier. Es sei etwas anderes. Bei ihrer Arbeit für Amnesty International habe sie neuerdings ganz ungewohnte Schwierigkeiten.

Durch all die Jahre, erklärte sie mir, sei bei Amnesty die Arbeit so organisiert gewesen, daß sich hilfsbereite Menschen in kleinen Gruppen trafen, daß sie gemeinsam besprachen, wie sie bestimmten Gefangenen Hilfe leisten könnten, und daß sie dann die Arbeit unter sich aufteilten, um schließlich, nach einer Weile, erneut zusammenzukommen und das Getane zu besprechen.

Es wunderte mich nicht. Dies ist nichts anderes als die klassische Form der organisierten Nächstenliebe, im Sinne des heiligen Vinzenz von Paul. Auch ohne kirchliche Zielsetzung dauerte offenbar der traditionelle karitative Arbeitsstil bei Amnesty International unverändert fort. Bis heute.

Nun aber, so fuhr die alte Dame fort, sei bei Amnesty ein Generationswechsel eingetreten. Und mit einem Mal funktioniere die gemeinsame Arbeit in kleinen Gruppen nicht mehr. Sie jedenfalls könne in ihrer Gruppe Termine anbieten, so viele sie wolle, von der neuen Generation bekomme sie nur eine Antwort, stets die gleiche: »Da kann ich nicht kommen, dafür habe ich keine Zeit. Aber das macht nichts. Ich tue trotzdem gerne was für Sie. Faxen Sie mir doch den ganzen Vorgang einfach rasch rüber.«

Zuerst habe sie das für eine windige Ausrede gehalten. Doch da es immer schwieriger, ja schließlich unmöglich geworden sei, auch nur ein paar Mitarbeiter der neuen Generation im altgewohnten Stil zusammenzubringen, habe sie sich zur Probe aufs Exempel entschlossen und durch einen Bekannten, der so ein Gerät besitzt, den Fall eines politischen Häftlings in der Volksrepublik China einfach rasch mal in die Runde gefaxt.

Das Ergebnis war staunenswert. Noch am selben Abend setzten sich die Angefaxten selber an ihre heimischen Faxgeräte und faxten, jeder für sich, Telefaxe nach Peking durch, die sich durch ihre wirkungsvolle Argumentation ebenso auszeichneten wie durch ihren brillanten englischen Stil.

Inzwischen, schloß die alte Dame von Amnesty International, habe sie in dieser neuen Weise schon eine Reihe von Fällen im Kreis herumfaxen lassen, und von Mal zu Mal sei sie tiefer beeindruckt. Obwohl es sich nämlich herausgestellt habe, daß in dieser neuen Generation die meisten abends nach der Arbeit erst noch Tennis spielen gingen und ihnen deshalb, zwischen Abendessen und Fernsehen, nur ein paar Minuten blieben, nutzten sie die kurze Zeit am Faxgerät so ausgezeichnet, daß für die politischen Häftlinge, von Peking bis nach Lima, jetzt mehr und bessere Arbeit geleistet werde als zuvor.

Staunend hörte ich zu. Staunend und zutiefst beglückt. Schon lange will es mir nicht in den Kopf, daß die junge Generation, wie manche sagen, im Leben keine anderen Werte mehr kenne als Ego, Sex und Zeitgeist. Das Gegenteil ist wahr. Diese neue Generation steckt voller Nächstenliebe. Daß manche das nicht merken, liegt an der neuen, etwas ungewohnten Art. Dies ist jetzt, in den kostbaren Minuten zwischen Tennis und Fernsehen, eine Barmherzigkeit mit Lifestyle. Es ist, rund um den Globus, eine Nächstenliebe per Fax.

Vom christlichen Umgang mit Japan

Wie es gewesen sei auf meiner Fahrt im Auto quer durch Japan, das wollten alle meine Freunde wissen. Und sie setzten sich zu fünft um mich herum.

Das Schönste waren die kleinen Inseln südlich von Nagasaki, im Amakusa-Archipel. Eine schöner als die andere und alle unvergleichlich schöner als Capri. Und kein einziger Tourist. Nichts als höchst lebendige, geschäftig blühende Fischerdörfer. Wenn ich, mit der Fähre von Insel zu Insel hüpfend, gelegentlich in einem Dorf aus dem Auto stieg, dann staunten mich die kleinen Kinder wie ein Einhorn an. Nie im Leben noch hatten sie, in dieser schönsten aller Landschaften Japans, einen leibhaftigen Fremden gesehen.

»Da würde ich als Tourist auch nicht hinfahren«, unterbrach mich mein erster Freund. »Was die Japaner da bei Nagasaki ins Meer kippen, das soll ja schlimmer sein als die Atombombe«, sagte mein zweiter Freund. »Das eigentlich Kriminelle sind die Fangmethoden der japanischen Fischer«, sagte mein dritter Freund. »Wenn wir die so weitermachen lassen, lebt bald kein einziger Wal mehr«, sagte mein vierter Freund. »Aber wir haben dich unterbrochen«, sagte mein fünfter Freund, »erzähle weiter.«

So märchenhaft schön wie die Landschaft ist die ganz alltägliche Gastfreundschaft in den Ryokans, den kleinen japanischen Gasthöfen. Wie da zum Beispiel das Essen serviert wird, über Stunden hinweg in einem erlesenen Zeremoniell, das ist mehr als nur ein gekonntes Gewerbe. Es ist genuine Freude am Bedienen gesteigert zur Kultur, nicht gleich, aber der Mentalität nach ähnlich wie in schweizerischen Hotels vor fünfzig Jahren.

»Vielleicht hättest du dir auch die großen Hotels in Tokio ansehen sollen«, unterbrach mich mein erster Freund. »Wie dort das Personal schamlos ausgebeutet wird, das haben wir ja kürzlich im Fernsehen gesehen«, sagte mein zweiter Freund. »Dem Gast schmücken sie die Suite mit Ikebana. Aber selber müssen sie in miesen Verschlägen schlafen, die kaum größer sind als Kaninchenställe«, sagte mein dritter Freund. »Mit tausend Bücklingen servieren sie dir kabuki und sukyaki. Und selber essen sie anschließend einen Hamburger bei McDonald's, so jämmerlich wenig verdienen die im japanischen Gastgewerbe«, sagte mein vierter Freund. »Aber wir haben dich unterbrochen«, sagte mein fünfter Freund, »erzähle weiter.«

Nein, ich möchte nicht weitererzählen. Wo immer ich erzähle, wie schön es in Japan war, fallen mir alle gehässig ins Wort. So wie einem vor ein paar Jahren noch alle gehässig ins Wort fielen, wenn man ein gutes Wort über Amerika verlor. Woher kommt das, unsere geballte Gehässigkeit und Säuernis, gestern gegen Amerika und heute gegen Japan?

Vielleicht liegt es daran, daß wir in Europa so gute Christen sind. Die Barmherzigkeit liegt uns im

Blut. Wir lieben fremde Völker nur, wenn sie so schwach und elend sind, daß wir mit ihnen Mitleid haben können.

Paul Bocuse und Meister Eckhardt

Nicht selten pflegt bei Menschen reiferen Charakters die Seele sich in einem ganz bestimmten Körperteil erkennbar auszudrücken. Bei Charly Chaplin waren es zum Beispiel die Füße. Bei Prinz Charles sind es die Ohren. Bei Paul Bocuse jedoch, bei Frankreichs großem Koch, ist es ein größeres Körperteil.

Aufgefallen ist mir das bei einem Abendessen in Collonges-au-Mont-d'Or selbst. Gegen neun Uhr war der Meister in Person in sein Restaurant gekommen, und da er die Leute, mit denen ich aß, kannte, hatte er ohne weitere Umstände einen Stuhl gepackt und sich zu uns an den Tisch gesetzt. Paul Bocuse erzählte.

Wie immer, wenn Bocuse erzählt, tat er es mit großen Gesten und Grimassen. Doch sie fesselten mich nicht. Gegen alle Regeln des Anstands glitt mein Blick an seiner weißen Schürze anatomisch fasziniert nach unten. Von welcher Seite man ihn auch betrachtete, von rechts, von links, von hinten, ja sogar von vorn: Meister Bocuse hat einen ungeheuren Arsch.

Einmal habe ich ihn selbst gefragt, wie er zu einem solchen Hintern komme, und er hat es mir erklärt. Nicht zufällig seien fast alle großen Köche Männer. Schon als Lehrling nämlich muß ein Koch so schwere Pfannen den ganzen Tag heben, senken und nach allen Seiten schwenken, daß die Wirbelsäule sich nach vorn verkrümmt, das Steißbein aber und das Becken sich im Gegenzug, weil sonst das Gleichgewicht verloren ginge, mächtig nach hinten recken. Mit weit gespreizten Beinen hatte Paul Bocuse sich vorn an unseren Tisch gesetzt, so ungeniert, daß alle anderen Gäste in seinem Restaurant auf nichts mehr blickten als auf diesen großartig in den Raum ragenden Hintern.

Zufällig war an jenem Abend Collonges-au-Mont-d'Or nicht heimgesucht von jenen amerikanischen Gruppen, wie sie heute dort in Turnschuhen aus dem Reisebus springen, weil zu den »Highlights of Europe in eight days« nun mal ein »Dinner« in Frankreichs berühmtestem Restaurant gehört. Nein. Der Saal war voll von jener Sorte Leuten, die man sich als Tischnachbarn bei einem erlesenen Essen wünscht: Französisches Bürgertum mit Lebensart, erkennbar an einem Pegel der Tischgespräche, die, nie zu laut und nie zu leise, so angenehm den Saal erfüllten, daß selbst Musik nur gestört hätte.

Im Augenblick jedoch, als Paul Bocuse sich an unseren Tisch setzte, war mit dieser fabelhaften Stimmung Schluß. Ringsum hörte man die Gabeln klappern. Als ducke sich das ganze Restaurant. Als empfänden alle es als Gnade, überhaupt hier sein zu dürfen. So wie früher verschüchterte Kinder, wenn der allmächtige Vater zu Tische kam, so duckte sich das französische Bürgertum vor dem großartigen Hintern des großartigen Chefs.

Plötzlich merkte ich, daß ich selber die Schultern

eingezogen hatte. So aufdringlich benahm sich Paul Bocuse an unserem Tisch. Wie gewöhnlich brüstete er sich mit seinen vielen Frauen. Und wie gewöhnlich war alles banal und ordinär. Ich duckte mich und sah auf meinen Teller.

Wir aßen Spargeln. Spargeln von Paul Bocuse. Es waren sehr gute Spargeln. Doch es waren Spargeln. Halt einfach Spargeln. Spargeln in alle Ewigkeit.

Zu Hause setze ich meinen Gästen am liebsten Entenbrust vor. Ich brate sie im eigenen Fett und serviere sie mit kleinen Kartoffeln und heißen Äpfeln aus dem eigenen Garten. Und sonst mit nichts. Um so gespannter war ich jetzt auf den zweiten Gang. Gespannt auf das »magret de canard« von Paul Bocuse.

Es war sehr viel komplizierter als meine eigene Entenbrust. Mit einer komplizierten Sauce vor allem. Doch das machte es nicht besser. Paul Bocuse selber hat einmal gesagt, es habe keinen Sinn, Lammkeule immer raffinierter zuzubereiten; wichtig sei es, eine gute Lammkeule einzukaufen. Mir scheint es mit der Entenbrust das gleiche. Eine gute Entenbrust einzukaufen ist heute für jeden von uns nicht schwerer als für Paul Bocuse.

Wie, wenn es mit der Haute Gastronomie so wäre wie mit der Haute Couture? Hohe, teure Mode ist nur noch langweilig. Seit den sechziger Jahren kommen die spannenden, schönen, neuen Kleider alle aus der billigen Mode für junge Leute. Mode kommt nicht mehr von oben, sondern von unten. Wie, wenn das mit der Küche ähnlich wäre?

Ringsum fingen die Leute an zu zahlen. Sie zahlten so geduckt, wie sie gegessen hatten: Dieses sonst so selbstbewußte französische Bürgertum empfand es offenbar als Gnade, im höchsten Tempel der höchsten Gastronomie zahlen zu dürfen. Meister Bocuse fand auch das keiner Beachtung wert. Während er ganz allein endlos weiterredete, ragte sein ungeheurer Arsch gespenstisch ins leere Restaurant.

In diesem Augenblick wurde mir eine mystische Erleuchtung zuteil. Nie hatte ich den Satz verstanden, den Meister Eckhardt unablässig wiederholt, in seinen deutschen Predigten ebenso wie in seinen lateinischen Traktaten: Die Voraussetzung dafür, daß ein Mensch frei werde und zu sich selber finde, sagt der große rheinische Mystiker, sei der »contemptus mundi«, die »Verachtung der Welt«.

Zu den Welten, die es, um frei zu werden, zu verachten gilt, gehört auf jeden Fall die Welt der Hohen Gastronomie. Aber vielleicht ist »Welt« ein allzu weltfremder Begriff. Lebte Meister Eckhardt heute, so würde er sich wohl viel weltlicher ausdrücken: »In der Küche wie in der Seele fängt die Selbstbestimmung an mit der Verachtung für den Arsch von Paul Bocuse.«

Die Sonntagsruhe von Zürich

Die Hiobsbotschaft kam am Sonntagmorgen. Sie kam aus Zürich. Einer meiner Freunde, so erfuhr ich, liege, nach einem Unfall, im Krankenhaus im Koma.

Da ich noch nichts Näheres wußte, war ich unschlüssig, ob es der Frau des Schwerverletzten zuzumuten sei, daß ich sie in dieser Stunde anrief, um ihr Fragen zu stellen und um sie vielleicht zu trösten. Gut möglich, daß sie das nur noch stärker belasten würde. Auf jeden Fall schien es mir besser, mich zuerst mit einer gemeinsamen Bekannten in Zürich telephonisch zu beraten.

Was sie mir zu berichten hatte, ließ wenig Hoffnung zu. Ich fragte weiter, was sie meine, ob ich, unter solchen Umständen, bei der Frau des schwerverletzten Freundes wirklich anrufen solle.

Die gemeinsame Bekannte zögerte einen Augenblick. Dann stellte sie eine Reihe von Gegenfragen: Ob wir uns denn mit Du angesprochen hätten, wollte sie wissen, wie lange wir uns schon kennten und wie oft wir uns gesehen hätten. Wieder schwieg sie. Und dann kam, sachte, sorgfältig erwogen, aus Zürich der Rat: »Wenn es eine so persönliche Freundschaft war, wenn ihr euch wirklich schon so viele Jahre lang so gut gekannt habt, dann glaube ich, darfst du bei dieser Frau anrufen, *obwohl es Sonntagmorgen ist.*«

Es steht geschrieben im 12. Kapitel bei Matthäus, daß die Pharisäer an Jesus herantraten mit der Frage, ob es gestattet sei, einen Schwerkranken am Sabbat zu heilen. Zu verstehen ist eine solche Frage nur, wenn man bedenkt, daß die Pharisäer Juden waren. Wären die Pharisäer Christen gewesen, ich glaube, sie hätten gar nicht gewagt, an *Heilung* zu denken. »Meister«, so hätte die christliche Frage gelautet, »Meister, ist es gestattet, aus Mitgefühl mit einem Schwerkranken die christliche Sonntagsruhe in Zürich telephonisch zu stören?«

Der Berg der Versuchung

Ich bin noch einmal davongekommen. Die palästinensischen Kinder in dem kleinen Dorf bei Jericho, die mein Auto mit dem gelben israelischen Nummernschild dicht umdrängten, dachten nicht daran, mich zu steinigen. Sie lachten mich nur aus. Und immer lauter lachten sie, als ich jetzt ausstieg, den Kofferraum öffnete, die dicken Socken und die Bergschuhe herausholte, die Windjacke und den Rucksack. Als ich dann gar zum Bergstock griff und den Wanderhut aufstölpte, schwoll das Lachen der arabischen Kinderbande zum Orkan.

Obwohl ich mich gerne auslachen lasse, schien mir ein erklärendes Wort angebracht. Ich sei Schweizer, erklärte ich den arabischen Kindern, und somit Christ. Für Christen aber sei heute nicht Werktag, sondern Sonntag, und zwar ein ganz besonderer, nämlich der erste Sonntag des Ramadan. Deshalb wolle ich zu Fuß eine Wallfahrt machen, hinauf zum Mountain of Temptation, zu jenem hohen Berg hinter Jericho, wo Jesus vierzig Tage fastete, und wo, wie es im Evangelium zum ersten Fastensonntag heißt, der Versucher an ihn herantrat: »In jener Zeit nahm der Teufel Jesus auf einen hohen Berg, zeigte ihm alle Königreiche der Welt und ihre Herrlichkeit und sagte zu ihm: Dies alles will ich dir geben, wenn du niederfällst und mich anbetest.«

Was religiöser Anstand ist, wissen Araber etwas

besser als wir, und so erstarb das Lachen der Kinderbande auf der Stelle. Dafür schüttelten jetzt alle den Kopf. Warum ich denn zu Fuß auf den Berg der Versuchung pilgern wolle, fragten mich die beiden ältesten Jungen. Das tue heutzutage kein Mensch mehr. Die Israeli hätten ja einen Motorway gebaut. Eine Autobahn auf den Berg der Versuchung. Und sie wiesen mir den Weg.

Es war nicht grade eine Autobahn, aber es war doch eine jener strategischen Schnellstraßen, mit denen die Israeli die besetzten Gebiete kreuz und quer so brutal zerschnitten haben, daß der europäische Besucher glaubt, er sei im Wilden Westen. Das mag auch daran liegen, daß die Besatzer ihre Straßenbaumaschinen, wie alles andere, von den Amerikanern haben. Und so sehen die Straßen im besetzten Palästina genauso aus wie in Arizona oder in Texas. Sie sind auch genauso gut. Mühelos, in ein paarAutominuten, war ich oben.

Und hielt entgeistert an. Vor mir, auf der Kuppe des Berges der Versuchung, lag eine phantastische israelische Militäranlage. Vom Fuß des Berges war sie nicht sichtbar gewesen, doch war sie offenkundig der einzige Grund für diesen strategischen Straßenbau. Bestückt mit elektronischen Horchgeräten, mit Sendemasten jeder Art, geschützt von einem Dutzend schwergepanzerten Kampfhubschraubern und, ringsum, von einem Labyrinth von Schützengräben, Bollwerken, Stacheldrahtverhauen, beherrscht diese futuristische Festung das gesamte Jordantal.

Darunter, genauso überwältigend, die alte biblische Landschaft. Das flimmernde Licht über Jericho und der Wüste erweckt einen Eindruck von so grenzenloser Weite und Herrlichkeit, daß ein Mensch der Antike sich hier oben so allmächtig fühlen mußte wie heute ein Experte für militärische Elektronik: »Dies alles will ich dir geben, wenn du niederfällst und mich anbetest.«

Und wie mein Blick nun hin- und herwanderte, hinab zu der biblischen Landschaft, hinauf zu der elektronischen Festung, übermannte mich auf einmal so etwas wie grenzenlose Hochachtung vor dem Teufel. Dreimal hintereinander, berichtet Matthäus an dieser Stelle, hat er Jesus versucht. Aber bei allen drei Versuchungen fehlt, was die Christenheit sonst als Versuchung wertet. Zum Beispiel fehlt die Gaumenlust. Vor allen Dingen fehlt die Sexualität.

Sex ist dummes Zeug für kleine Kinder. Der Teufel ist zu intelligent, um sich damit abzugeben. Alle drei Versuchungen Jesu – lest es nach im vierten Kapitel bei Matthäus – sind Versuchungen der Macht.

Der betäubende Lärm eines Kampfhubschraubers setzte meinen religiösen Überlegungen ein Ende. Wie ein apokalyptisches Insekt stand er über dem Berg der Versuchung, während ich mein Auto wendete und zurückfuhr zu den palästinensischen Kindern unten im Tal.

Höchst sonntägliche Weisheiten im Monat April

Der Himmel über Celebes

Es war in einem Dorf bei Rantepao, hoch in den Bergen der Insel Celebes. Die Veranda, auf der wir saßen, war noch im alten holländischen Kolonialstil gebaut, und der Blick hinaus auf das zarte Grün der unzähligen kleinen Reisterrassen war von zeitloser Poesie. Doch der Bürgermeister des Dorfes, der mich zum Tee eingeladen hatte, erwies sich im Gespräch sehr rasch als ein Mann von zupackender, wirklichkeitsnaher Intelligenz. »Ich habe Sie kommen lassen«, sagte er, »weil ich Ihren Rat brauche. Wir stehen vor einer schwierigen Entscheidung. Es geht darum, ob unser Dorf christlich werden soll. Nun hat man mir erzählt, daß Sie vorbeigekommen sind, daß Sie Theologe seien, und da habe ich gedacht, Sie könnten mir bei der Entscheidung helfen.«

Es wunderte mich nicht. Im Inneren von Celebes gibt es noch viele Dörfer, in denen der alte Naturglaube und, damit verbunden, die religiöse Verehrung der Vorfahren ungebrochen weiterlebt. Doch diese heidnischen Stämme oben in den Bergen werden jetzt von den islamischen Stämmen unten an der Küste bedrängt, den Glauben des Propheten anzunehmen. Da betrachten es viele als einen Ausweg, sich christlich taufen zu lassen. Moslems nämlich wollen sie nicht werden, weil ihnen ihre moslemischen Nachbarn unsympathisch sind, als Christ aber wird man in Indonesien weniger bedrängt, weil ein Christ doch als so etwas gilt wie ein Moslem, wenn auch zweiter Klasse.

Dies, glaubte ich zu verstehen, sei die Sorge des Dorfvorstehers, und ich sagte ihm ohne Zögern, daß ich in seinem Fall die Bekehrung zum Christentum für eine schlechte Zwischenlösung halte. Der Islam beherrscht nun einmal dieses Land, er ist eine aggressive Religion, er wird es noch lange bleiben. Wenn er seinem Dorf jahrhundertelangen Ärger ersparen wolle, dann, so sagte ich dem Bürgermeister, solle er jetzt seine Abneigung überwinden und, in Gottes Namen, sich gleich bekehren zum Islam.

Schweigend trank der Dorfvorsteher seinen Tee. Plötzlich sah er mir scharf ins Gesicht. »Das ist ein schlechter Rat, den Sie mir geben«, sagte er. »Ich werde doch Christ.«

Nun war es an mir, schweigend in meine Teetasse zu starren. Ich hatte mir ja alle Mühe gegeben, nicht meine eigene religiöse Laune zum besten zu geben, sondern mich hineinzuversetzen in die schwierige Lage dieses Mannes und seiner Dorfgemeinschaft. Was brauchte ich mir den schroffen Ton gefallen zu lassen!

Den Ärger mit den Moslems, sagte, um Beschwichtigung bemüht, der Bürgermeister, den habe er schon lange, er könne ihn ertragen. Etwas anderes bedrücke ihn mehr. Seit unvordenklichen Zeiten sei das ganze Leben seines Dorfes ausgerichtet gewesen auf den Himmel. Auf die jenseitige Welt der Götter und der Ahnen, drüben im Himmelreich, weit im Westen, wo die Sonne untergeht. Jugend und Alter, Hochzeit und Begräbnis, selbst die ganz alltägliche Arbeit, alles sei in solchem Maße ausgerichtet gewesen auf den Himmel, daß keiner in dem Dorf je auf den Gedanken kam, das Diesseits könne so etwas sein wie eine Wirklichkeit für sich.

Und nun, binnen weniger Jahre, habe sich das alles radikal verändert. Die Jungen hätten nur noch Video im Sinn, die Alten nur noch das Geld. Jetzt baue die Regierung auch noch diesen Flugplatz für Touristen aus Europa. Wenn der fertig sei, dann sei es endgültig aus mit dem Himmel über seinem Dorf.

Und da solle er sich zum Islam bekehren? Spöttisch sah der Bürgermeister seinen Sohn an, der, etwas seitwärts sitzend, das Gespräch zwischen uns übersetzte. »Es gibt kein Jenseits mehr«, sagte er ohne Rührung. »Es gibt nur noch das Diesseits. Das ist der neue Glaube, es ist die neue Wirklichkeit, und sie kommt nicht mit den Moslems, sondern mit den Christen. Deshalb werde ich Christ.«

Die Auferstehung von Solothurn

Der Schwabe Bertolt Brecht hat seine Großmutter eine »unwürdige Greisin« gescholten. Zum Ärger ihrer Kinder scheute sie sich nicht, das Geld ihres verstorbenen Mannes auszugeben und nach den langen Jahren ehelicher Knechtschaft ein letztes Jahr der Freiheit zu verkosten.

So gesehen war meine schweizerische Großmutter eine würdige Greisin. Einen kleinen Schatz an Wertpapieren, von New York bis Johannesburg, hatte mein Großvater ihr hinterlassen. Es war alles abgespart von ihrem Mund. Jetzt aber, wenn die Nachbarin klopfte und fragte, ob sie nicht mitkommen und im »Rössli« Felchen essen wollte, schüttelte sie den Kopf. Ein Leben lang hatte ihr Mann sie geplagt und kurzgehalten. Aber ohne ihn das Leben genießen mochte sie nicht.

Ein Jahr später bekam ich die Nachricht, daß die Großmutter eine Streifung gehabt habe. Das ist ein schweizerisches Wort für einen ganz leichten, unmerklichen Schlaganfall. Dann rief ihr Arzt an. Die alte Frau, sagte er, sei jetzt auf der linken Seite gelähmt. Sie liege im Pflegeheim und verlange dringend nach meinem Besuch.

Im Rollstuhl festgebunden, saß sie am Fenster. Schön wie eine Puppenstube lag unten das Dorf. Ein großes Industriedorf im Kanton Solothurn. Mit einem Dutzend Uhrenfabriken. Mit den drei Kirchen, der katholischen, der altkatholischen und der reformierten. Und unten am Bahnhof das eigentliche Herz allen schweizerischen Lebens: der Supermarkt des Migros-Genossenschaftsbundes. »Wir haben einen ganz großen Migros«, pflegte meine Großmutter zu sagen, wenn die Welt in Ordnung war.

Sie wandte mir den Blick zu. Ihre Stimme klang heiser und bedrückt. »Der Conrad ist zurückgekommen«, sagte sie, »dein Großvater ist wieder da.« Etwas ruhiger, schon fast im Ton der Selbstverständlichkeit, fügte sie hinzu: »Ich habe ihn gesehen. Er ist mir im Migros begegnet.«

Erleichtert atmete ich auf. Mochte das Gehirn der Greisin gelitten haben, so war doch ihre Welt heil geblieben. Wenn ein Schweizer, aus dem Jenseits kommend, sich zuerst im Migros zeigt, dann ist das, wie wenn ein Amerikaner bei McDonald's auferstünde.

Kurz vor Ostern war es, als der Arzt ein zweites Mal anrief. Wenn ich meine Großmutter noch einmal sehen wolle, müsse ich bald kommen.

Das Bett, in dem sie diesmal lag, war wie ein Kinderbettchen vergittert. Warum, verstand ich nicht, sie konnte ja kaum noch den Kopf bewegen. Und doch zitterte sie vor Erregung: »Ich habe dich kommen lassen wegen deinem Großvater«, sagte sie, »er läuft im ganzen Dorf herum.«

Nicht nur im Migros habe sie ihn gesehen, sondern auch am Denkmal bei der Kirche. »Da, wo sonst nur die Italiener herumstehen.« Der Frau Scheller sei er am Süd-Bahnhof begegnet. »Hat die Frau

Scheller dir so etwas erzählt?« fragte ich erschrokken. Sie schüttelte den Kopf: »Das ist es ja. Alle reden nur hinter meinem Rücken darüber. Gottlob, daß meine Mutter das nicht mehr erlebt. Du kannst dir ja vorstellen, was er getrieben hat, als ich solange nichts mehr von ihm sah.«

Begütigend fuhr ich ihr durchs Haar. Die Stirn war fiebrig verschwitzt. »Großmutter«, sagte ich, »das alles träumst du nur. Dein Mann ist tot. Sie haben ihn kremiert.«

Es hätte ihres argwöhnischen Blickes nicht bedurft. Ich selber spürte, daß das nur die halbe Wahrheit war. Mühsam versuchte ich eine zweite Erklärung: »Großmutter, wenn einer stirbt, dann heißt das trotzdem nicht, daß er nicht mehr da ist. Etwas von ihm bleibt. Auch von deinem Mann ist etwas geblieben. Ganz nahe ist es um dich. Deshalb hast du diese Träume. Aber das heißt nicht, daß er wirklich da ist. Nur im Geist ist er bei dir, nicht in Fleisch und Blut.«

Jäh fuhr der Kopf der Greisin aus dem Kissen hoch. Ihre Stimme war vor Zorn klar und kräftig: »Das würde ich mir auch verbitten, daß der in Fleisch und Blut zurückkommt. Bei allem, was ich mitgemacht habe mit dem.«

So ist das mit der Auferstehung im Kanton Solothurn. Der Tod ist wirklich. Die Auferstehung auch, vorausgesetzt, der Auferstandene bleibt mit Fleisch und Blut im Jenseits. Von dort darf er den Seinen gelegentlich erscheinen.

Als schön verklärter österlicher Traum.

Er ist in Wahrheit auferstanden

Alle regen sich auf über die Zustände in der Grabeskirche in Jerusalem. Ich nicht. Mögen sich dort sechs christliche Kirchen um jeden Stein des Grabes Jesu Christi verbissen streiten, ich bin felsenfest davon überzeugt, daß Jesus gar nicht dort begraben wurde. Und wenn mich einer fragt, woher ich das so sicher weiß, fällt mir die Antwort leicht. Ich habe das von Miss Louisa Hope.

Wer kennt sie nicht, Miss Louisa Hope selig, jene glaubensstarke Engländerin, der es vor hundert Jahren auf ihrer ersten Wallfahrt nach Jerusalem genauso ging wie jedem guten Christen: Miss Louisa Hope war disgusted über den unchristlichen Streit der Popen um das Grab des Auferstandenen. Doch eines unterschied Miss Louisa Hope von allen anderen Pilgern in Jerusalem: Statt sich nur zu ärgern, dachte Miss Hope scharf nach. Plötzlich fiel ihr etwas auf: Um das Grab Christi in der Grabeskirche streiten sich die römischen Katholiken, die Griechisch-Orthodoxen, die Armenier, die Äthiopier, die Syrisch-Orthodoxen und die Kopten. Aber eine Kirche fehlt. Die wichtigste. Die Church of England ist in der Grabeskirche überhaupt nicht vertreten. Wo aber die Kirche von England nicht ist, das wußte Miss Hope ganz sicher, da ist die Wahrheit nicht. Also ist Jesus gar nicht in der Grabeskirche begraben.

Von dieser unfehlbaren Erkenntnis beflügelt, begann Miss Hope, rund um Jerusalem das Erdreich aufzuwühlen. An der Straße nach Nablus wurde sie fündig. Dort fand sie das »Gartengrab«, wo, wie die Anglikanische Kirche seither fest glaubt, Jesus wirklich begraben wurde, und wo er in Wahrheit auferstand.

Es gibt ein Photo aus dem Jahr 1867, das dieses Grab im Urzustand zeigt. Das Photo stimmt bedenklich. Es zeigt eine Art halbverschütteten Weinkeller in einer Felsenhöhle am Rand einer Kiesgrube. Aber Miss Hope wäre nicht Miss Hope gewesen, hätte sie sich dadurch entmutigen lassen. Mit dem gärtnerischen Genie einer alten Engländerin pflanzte sie Reben und Rosen, Thymian und Rosmarin, legte lauschige Wege an und wundersame Lauben. Ja, es sei nicht verschwiegen, daß Miss Hope am andern Ende von Jerusalem uralte Ölbäume ausriß und sie hier neu zum Blühen brachte. Denn alles, was eine Pflanze braucht, um zu gedeihen, hat Prinz Charles gesagt, ist ein liebender Mensch. So voller Liebe war Miss Louisa Hope, daß sich die miese Kiesgrube an der Straße nach Nablus wunderbar verwandelte in jenen duftenden Garten des Josef von Arimathäa, wo, wie die Evangelien berichten, Jesus begraben ward.

Noch war die eigentliche Arbeit nicht getan. Gern stelle ich mir vor, wie Miss Hope sich um Mitternacht in der Felsenhöhle mit dem Presslufthammer ans Werk machte, um das vergammelte Weindepot in eine herrschaftliche Grabkammer umzugestalten. Man wende nicht ein, daß der Presslufthammer damals noch gar nicht erfunden war. Wenn er noch nicht erfunden war, dann reichte der religiöse Eifer von Miss Hope völlig aus, um den Presslufthammer eigens zu erfinden. Zu sehen ist auf jeden Fall noch heute, wie energisch sie mit der Maurerkelle zugeschlagen hat. Zum Schluß schuf sie, unmittelbar über dem Grab, eine kleine Luke nach draußen, in die sie eine Lampe so märchenhaft plazierte, daß jeder, der heute diesen Garten durchwandert, plötzlich glaubt, er sehe das Licht schimmern aus dem Grab des Auferstandenen.

Schon zur Zeit von Miss Louisa Hope war es so, daß die Christen fast alles in Jerusalem versaut hatten, was an die Gegenwart Jesu Christi erinnern konnte. Das wenige, was blieb, haben inzwischen die Juden versaut. Hoch oben auf dem Ölberg steht ein Luxushotel, unten im Garten Gethsemani kann vor lauter Verkehrslärm niemand mehr beten, und in der Grabeskirche streiten sich, unentwegt, die Popen. Der einzige Ort in ganz Jerusalem, wo die Gegenwart Jesu Christi heute den Besucher sinnenhaft überwältigt, ist, aus der religiösen Phantasie einer alten Engländerin entsprungen, das »Gartengrab« an der Straße nach Nablus.

Und ich denke an das Wort von Kardinal Mezzofanti, daß ein ungläubiger Mensch immer auch ein unhöflicher Mensch sei. Ist doch der höfliche Mensch daran zu erkennen, daß er alten Damen nicht widerspricht. Da aber alte Damen in der Regel gläubig sind, ist jeder höfliche Mensch, sagte Kardinal Mezzofanti, aus lauter Höflichkeit gläubig.

Das ist die religiöse Höflichkeit der Italiener. Sie wird nur übertroffen durch die englische Höflichkeit: Einer, an dessen Auferstehung Miss Louisa Hope tätig mitgewirkt hat, der muß in Wahrheit auferstanden sein.

Vom Gesang der Engel

An Gott habe ich gezweifelt. Aber nie an den Engeln. So selbstverständlich ist es mir, daß Engel um mich sind. Etwas anderes aber war mir lange Zeit ein Geheimnis: Wie eigentlich singen die Engel?

Jetzt haben mir Freunde eine neue Interpretation der Solo-Sonaten von Bach geschenkt. Voller Erwartung legte ich die Platte auf. Aber nach kaum einer Viertelstunde schaltete ich enttäuscht ab. Was war es, das mich verdroß?

Bach hatte ich hören wollen. Aber ich hörte nur den Interpreten. In peinlicher Aufdringlichkeit schob er sich zwischen mich und das klassische Werk. Vor lauter wichtigtuerischer Stümperei war nur er zu hören.

Da erkannte ich, wie die Engel singen. Sie singen Gottes eigene Lieder. Und sie singen so, daß ich sie, vor lauter Schönheit, niemals hören werde.

Höchst sonntägliche Weisheiten im Monat Mai

Wie ich an einem Wasserfall in Island einer französischen Nonne begegnet bin

In der göttlichen Komödie des Lebens will es manchmal scheinen, als ob ein jeder seine Rolle mit soviel blindem Ernst und Eifer spiele, daß schließlich allen das Bewußtsein zu spielen ganz verloren geht, und somit, natürlich, auch der Spaß am Spiel. Dies jedenfalls scheint der Grund zu sein für jene Stimmung trostloser Verbiesterung, die den kleinen Alltag beinahe so unerträglich macht wie die große Politik.

So will es scheinen, doch so ist es nicht. Ich behaupte, daß jeder von uns seine eigene Lebensrolle, so ernst er sie zu spielen vorgibt, im Grunde seines Herzens doch als Maskenspiel perfekt durchschaut. Dies ist mir überraschend klar geworden, als ich an einem Wasserfall in Island einer französischen Nonne begegnete.

Wer kennt ihn nicht, den gewaltigen Dettifoss – an Höhe wie an Macht der Wogen Europas größter Wasserfall? Hoch in Islands wüstem Norden stürzt er ins Tal des Jokulsa a Fjöllum. Die wenigen, die ihn besuchen, tun es meist auf jener steinigen Piste, die von Süden durch die Lavafelder des Holsandur zu einem kleinen Parkplatz führt, von dem das Wunder arktischer Natur sich aus nächster Nähe bequem bestaunen läßt.

Ich wählte einen andern Weg. Eingedenk der alten Erfahrungsregel, daß Täler ihre ganze Schönheit dem nur zeigen, der sie von unten nach oben erwandert, nahm ich den schmalen Fußpfad, der weit unten beim Gehöft Hafursstadir beginnt und durch die wilde Schlucht des Jokulsa a Fjöllum, langsam von unten nach oben steigend, hinführt zum Fuß des Dettifoss.

Doch die Erwartung trog. An jener Windung des Tales nämlich, wo ich, nach der Meßtischkarte, den Wasserfall zum ersten Mal zu Gesicht bekommen mußte, bei dem verlassenen Gehöft Toydurafellir also, sah ich mich jäh umschlossen von undurchdringlich dichten Nebelschwaden. Ein paar Schritte noch, und aus dem Nebel wurde Regen, dann aus dem Regen ein peitschender Wolkenbruch. Mir wurde plötzlich klar, daß dies kein rätselhafter Umschlag des Wetters war, wie ihn der erfahrene Islandwanderer nicht selten erlebt. Vielmehr war es der Dettifoss selber, der das Tal zu seinen Füßen mit dichtem Wasserdampf weithin dem Blick verhüllte.

Die Nässe schreckte mich nicht. Rasch entnahm ich meinem Rucksack die braune Plastikpelerine, die ich mir aus atmungsaktivem und reißfestem Kunststoff selber knöchellang zugeschnitten und geschweißt habe. So stieg ich, die Kapuze überm Kopf, unverdrossen weiter die Schlucht des Jokulsa a Fjöllum empor, nichts sehend zwar, doch jenen äußersten Frieden des Gemüts genießend, den schon Vincent van Gogh empfand, wenn er im strömenden Regen wohlbedeckt spazieren ging. Bis schließlich, unmittelbar am Fuß des tosenden Katarakts, mein Pfad sich seitwärts in die steilen Felsen schlug.

Ermiß, verehrter Leser, meine Überraschung. Als ich nämlich durchs triefende Gestein mühsam nach oben geklettert war, teilten sich die Wasserschwaden jäh. Im gleißenden Licht der arktischen Sonne erschien vor meinem fassungslosen Auge eine Nonne.

Besser gesagt: Ich stand vor einem Omnibus. Mein Wanderweg hatte mich nämlich genau zu jenem Parkplatz hochgeführt, zu dem die meisten im Auto fahren, um den Dettifoss aus nächster Nähe ohne Mühe zu bestaunen. Auf diesem Parkplatz stand der Omnibus ganz einsam und allein. Offensichtlich hatte die Reisegesellschaft das Naturspektakel auch schon genossen und wieder Platz genommen. In der pneumatisch geöffneten Tür des Busses aber stand, den Fuß schon auf der Treppe, die Hand bereits am Griff, als letzte aus der Gruppe eine Nonne.

Nach der braunen Farbe ihrer Kutte, auch nach dem Strick um ihre Hüfte zu schließen, war sie eine Franziskanerin. Vor lauter Verblüffung starrte ich ihren Rücken so ungeniert an, daß sie meinen Blick telepathisch spürte, sich auf der Treppe unwillkürlich drehte und mir jäh ins Auge sah.

Was jetzt geschah, läßt sich am besten mit jenem Kinotrick vergleichen, bei dem ein Mensch sich auf der Leinwand ganz rasch bewegt, um schließlich in einer letzten, fatalen Pose reglos zu erstarren.

Sprachlose Entgeisterung war das erste, was der Nonne ins Gesicht geschrieben stand. In meiner selbstgeschweißten Plastikpelerine sehe ich ja zum Verwechseln aus wie der heilige Franz auf Giottos Fresken in Assisi. Und so wenig ich damit gerechnet hatte, daß mir an einem Wasserfall in Island eine Nonne erscheinen würde, so wenig läßt es sich offenbar auch eine Nonne träumen, daß aus den Nebeln Islands ein heiliger Franz vor ihr erscheint. Sprachlose Entgeisterung also war das erste.

Doch dann bewegten sich die Augen der Nonne, und ihr Mienenspiel wechselte zu so etwas wie belustigte Verwunderung. Flink musterte sie mich von der Kapuze bis zum Pelerinensaum.

Kein Zweifel: Wir sahen einander ungemein ähnlich. Beide trugen wir genau das gleiche sandige Braun. Zwei kleine Unterschiede allerdings waren auf den ersten Blick erkennbar. Mein Kostüm war knöchellang, das ihre im Sinn des 2. Vatikanischen Konzils bis unters Knie zeitgemäß verkürzt. Und während meine Kapuze den Kopf vorn ganz umschloß und hinten spitz überragte, war die ihre zu einem modernen Zipfelchen zeitgemäß geschrumpft.

Kaum hatten die Augen der Nonne mich inspiziert, so schürzte sich ihr Mund: »Bonjour, Monsieur!« sagte sie mit leiser Ironie. Doch fast im selben Augenblick, so nämlich, als werde ihr erst jetzt die volle Bedeutung des kleinen Unterschieds zwischen uns bewußt, verzog sich ihre Miene und erstarrte in einer Grimasse des triumphalen Spotts. Dann, als wolle sie sich ihren Triumph durch nichts und niemand rauben lassen, am wenigsten durch eine nähere Begegnung mit mir, verschwand sie hastig im Inneren des startbereiten Omnibusses.

Wie lange ich noch, fassungslos den Wasserfall bestaunend, an jenem Parkplatz hoch im Norden Islands saß? Ich weiß es nicht. Ich weiß nur, daß mir für das unerhörte Erlebnis eine einzige Erklärung möglich schien. Diese Nonne hat ihr Kostüm gewiß ein Leben lang mit frommem Ernst getragen und ihre religiöse Rolle mit ebensoviel strengem Ernst gespielt. Zu gleicher Zeit jedoch hat sie das Wissen um ihre eigene Komik uneingestanden tief in sich getragen. Wie anders ist es möglich, daß die unerwartete Erscheinung eines zweiten Komödianten, der sie an Komik nur um ein geringes übertraf, genügte, damit ihr ganzes Gesicht erstarrte in spontanem Hohn?

Selbsterkenntnis einer Nonne an einem Wasserfall in Island. Ein besonderes Verdienst kommt ihr nicht zu. Die göttliche Regie hat es gefügt, daß im Theater dieser Welt von allen Rollen die religiösen in ihrer Komik am leichtesten durchschaubar sind.

Wer Augen hat zu sehen, der sehe

Manchmal werde ich gefragt, wie denn der Arbeitstag eines Schriftstellers aussehe. Bei mir verläuft er so: Ich stehe um sechs Uhr früh auf und schreibe dann bis kurz vor zehn. Länger nicht, selbst Thomas Mann, der fleißigste von allen, war nicht fähig, länger als vier Stunden am Tag zu schreiben. Das heißt, daß mein Arbeitstag morgens um zehn zu Ende ist. Ich gehe dann in Köln spazieren.

Mein erstes Ziel ist ein Zeitungskiosk. Ihm nähere ich mich jeden Morgen mit leiser Spannung. Wird meine Zeitung da sein? Es ist »Le Figaro«. Doch habe ich leider einen Freund, der gerade deshalb mein Freund geworden ist, weil auch er jeden Morgen am selben Kiosk nach dem »Figaro« fragt. Da aber der Kiosk hartnäckig jeden Tag nur zwei französische Blätter bezieht, nämlich ein Exemplar von »Le Figaro« und ein Exemplar von »Le Monde«, so muß jener von uns beiden, der später kommt, mit »Le Monde« vorlieb nehmen. Das ist das eine.

Und wer wird mich bedienen? Das ist die andere, viel spannendere Frage. Wird es die Mutter sein? Sie ist, was man im Rheinland als »vital und attraktiv« bezeichnet. Das heißt, daß ich als Schweizer im Gespräch mit ihr stets ein leises Gefühl der Überforderung empfinde. Doch schätze ich die kräftige Beobachtungsgabe dieser Frau und ihre Fähigkeit zum unverblümten Urteil. Und die Freundlichkeit, mit der sie mich gerade deshalb bedient, weil ich ein Fremder bin.

Die Tochter ist ganz anders. Sie kommt mir vor wie eine lebendige Bestätigung für das chinesische Sprichwort, daß ein Mensch das Kind seiner Zeit, nicht seiner Eltern sei. Mein Freund hat ihr den Spitznamen »Die mittlere Reife« gegeben. Wie die meisten jungen Deutschen sieht sie nämlich in die Welt, als ob sie mit der mittleren Reife geboren wäre.

Trotzdem fühle ich mich mehr zur Tochter hingezogen. Mich reizt gerade die Schwierigkeit, dieser jungen Frau ein erstes Lächeln zu entlocken. Oder sonst eine Regung menschlicher Mitteilsamkeit. »Sagen Sie«, fragte ich sie vorgestern, »war mein Freund schon hier?«

»Das weiß ich nicht«, antwortete sie dünn, »ich kenne Ihren Freund nicht.« »Aber doch«, entgegnete ich, »Sie haben ihn schon oft gesehen.«

»Wie sieht Ihr Freund denn aus?« fragte sie noch dünner. Da sagte ich das erste, was mir in den Sinn kam: »Mein Freund sieht aus wie ein marokkanischer Jude.«

Im Augenblick, als dieser Satz mir entfuhr, erstarrte das junge Mädchen wie Lots Weib. »Wie?« fragte sie schrill und jedes Wort einzeln betonend, »wie – sieht – ein – marokkanischer – Jude – aus?«

»Wenn Sie wissen wollen, wie ein Schweizer Kleinbürger aussieht«, antwortete ich, »dann brauchen Sie nur mir ins Gesicht zu sehen. Und wenn Sie wissen wollen, wie ein marokkanischer Jude aussieht, dann brauchen Sie nur über die Straße zu sehen. Da drüben kommt mein Freund.«

Mit dem, was jetzt geschah, hatte ich nicht gerechnet. Das Mädchen weigerte sich, über die Straße zu sehen. Und als mein Freund zum Kiosk trat, um seine Zeitung zu kaufen, bediente sie ihn mit abgewandtem Kopf. In ihren sonst so teilnahmslosen Augen aber flackerte panische Angst.

»Was ist denn heute nur los mit der ›Mittleren Reife‹?« fragte mein Freund ahnungslos, als wir zusammen weggingen vom Kiosk. Ich erzählte ihm den Zwischenfall. Er schüttelte nur den Kopf. »Das arme Mädchen«, sagte er, »ist durch eine neudeutsche Schule gegangen. Dort hat sie gelernt, daß Vorurteile etwas ganz Böses sind. Jetzt traut sie ihren eigenen Augen nicht mehr. Sie hat Angst davor, mit eigenen Augen zu sehen, daß ein marokkanischer Jude wirklich anders aussieht – ganz anders als zum Beispiel ein schweizerischer Spießbürger.« Und er musterte mich von oben bis unten so gnadenlos, daß ich gar nicht merkte, wie er mir zu gleicher Zeit den »Figaro« heimlich aus der Tasche zog.

Das Erlebnis schien mir so bemerkenswert, daß ich es gestern gleich in aller Frühe niederschrieb. Und ich ergänzte das Urteil meines jüdischen Freundes durch ein paar eigene Gedanken. Auch ich habe nämlich den Eindruck, daß man den Deutschen mit ihren alten Vorurteilen auch die Fähigkeit zur Wahrnehmung aberzogen hat. Wer Augen hat zu sehen, der sieht, daß ein Neger anders aussieht als ein Eskimo. Daß er sich anders bewegt und daß er anders denkt. Daß er, mein Gott, anders riecht. Wer dieses nicht mehr sehen darf und nicht mehr kräftig, bildhaft auszudrücken wagt, der kann auch nicht mehr denken. Denken kann nur, wer es wagt, aus der Vielfalt der Erscheinungen das Typische hervorzuheben. So ist es zum Beispiel typisch, daß ich einen viereckigen Schädel habe und mein Freund eine krumme Nase. Wenn das nicht mehr ausgesprochen werden darf, ja wenn man es nicht einmal mehr denken darf, dann wird mit dem letzten Vorurteil bald auch in Deutschland der letzte klare Gedanke ausgerottet sein.

Mit diesem klaren Gedanken im Kopf begab ich mich gestern morgen um zehn auf meinen gewohnten Spaziergang. Doch beim Gedanken, zum Kiosk zu gehen, erfüllte mich ein Unbehagen. Mich abermals der geballten Säuernis neudeutscher Vorurteilslosigkeit auszusetzen, empfand ich, selbst für den »Figaro«, als einen zu hohen Preis. Schon wollte ich einen Bogen um den Kiosk schlagen, als ich sah, daß heute die Mutter am Fenster war. Rasch fertigte sie die anderen Kunden ab. Dann beugte sie sich so weit als möglich zu mir heraus. »Meine Tochter hat mir alles erzählt«, sagte sie im Tonfall freundlichen Vertrauens. »Ich verstehe gar nicht, daß Sie daraus so lange ein Geheimnis machen mußten.« Lächelnd schüttelte sie den Kopf: »Wissen Sie, mir brauchten Sie es gar nicht zu erzählen. Ich habe Ihnen gleich am ersten Morgen angesehen, daß Sie ein marokkanischer Jude sind.«

Mit diesen Worten reichte sie mir die Zeitung: »Es ist Le Monde«, sagte sie teilnahmsvoll. »Ihr Freund, der junge Schweizer, hat sich den Figaro bereits geholt.«

Von der vollkommenen Schönheit der Frau

Es war in einer französischen Berghütte. Rund um den Kachelofen herrschte ein arges Gedränge. Die Leute wechselten ihre Kleider und hängten die verschwitzte Wäsche zum Trocknen auf. Mit einem Mal stand eine großgewachsene Schöne vor mir im Büstenhalter und im Slip.

»Dieses Mädchen«, dachte ich auf der Stelle, »wäre vollkommen schön, wenn es nur zehn Zentimeter kleiner wäre.«

Vielleicht hat es nur an der Überraschung gelegen, daß ich mir diesen Gedanken überhaupt eingestand. Sonst hätte ich ihn wohl unterdrückt als Ausdruck meiner Unfähigkeit, die Frau in ihrer Ebenbürtigkeit anzuerkennen. Nun aber war der Gedanke da.

So wie er dagewesen ist bei meiner ersten Liebe. Das war in einem Olivenhain in Umbrien. Im Überschwang jugendlicher Leidenschaft hatte ich, damals schon, einen einzigen klaren Gedanken: Wenn das Mädchen nur zehn Zentimeter kleiner wäre!

Und wie nun, in der französischen Berghütte, die junge Frau vor mir sich auch des Büstenhalters kühn entledigte, so wurden auch meine Gedanken kühner. Mit einem Mal nahm ich mir heraus, mein spontanes Urteil über den weiblichen Körper nicht als Vorurteil von mir zu weisen, sondern es vor mir einsichtig zu begründen.

Sei es nämlich Anlage, sei es Erziehung: Auf jeden Fall wirkt der Leib der jungen Frau meistens weniger sehnig als der Leib des Mannes, weniger durchformt. Diese wächserne, ja elfenbeinerne Schönheit der Frau ist der Schönheit des Kindes näher verwandt als der Schönheit des Mannes. Daher der spontane Eindruck des männlichen Auges auf der Suche nach Proportionen: Wenn sie nur etwas kleiner wäre!

Ich senkte meinen Blick. Er fiel auf eine liegengebliebene Zeitung auf dem Tisch der Berghütte. Es war »La Suisse« mit einem Bericht über die Genfer Polizei. Ich traute meinen Augen nicht: Um Polizist in Genf zu werden, hieß es im ersten Satz, müsse ein junger Mann mindestens 1.68 groß sein, eine junge Frau aber nur 1.58.

Zehn Zentimeter Unterschied! Wenn das die schweizerische Polizei auch sagt, dann stimmt's. Polizei und Militär sind ja die einzigen Institutionen, die sich überhaupt nicht an praktischen Erfordernissen ausrichten, sondern nur an ästhetischen.

Mit einem Mal hielt ich nachdenklich inne. Ich dachte an die Würde der Frau. Zweifellos ist die Frau in der Würde ebenbürtig, ja sie ist größer als der Mann. Doch ist Würde etwas anderes als Schönheit. Für die Ästhetik gelte, von mir entdeckt, hinfort das eherne Gesetz:

Zehn Zentimeter kleiner wäre schön.

Der Bäcker von Ongarou

Manchmal werde ich gefragt, warum ich mein Bier nicht kalt trinke, sondern lau. Dann sage ich: »Das habe ich gelernt beim Bäcker von Ongarou.«

Ongarou ist ein Dorf im Osten von Burkina-Faso, am südlichen Rand der Sahelwüste. In Ongarou endet die Straße und beginnt die Piste. Drei Wochen lang habe ich in diesem Dorf Station gemacht. So wurde ich der Freund des Bäckers. Tags aß ich sein Brot, nachts saß ich mit ihm am Straßenrand. Unter dem Sternenhimmel Afrikas tranken wir ein herrlich laues Bier aus Bobo-Dioulassou und sprachen über Gott und die Welt.

Am Ende der dritten Woche, am letzten Abend vor meiner Abreise, ging der Bäcker in seine Lehmhütte, brachte seine Frau heraus und stellte sie mir vor. Auf der Stelle verstand ich, warum er sie so lange vor mir verheimlicht hatte. Denn sie war sehr schön.

»Dies ist meine erste Frau«, sagte er zärtlich. »Drei Jahre habe ich gespart, um sie kaufen zu können. Und jetzt«, fügte er hinzu, als verrate er mir ein glückliches Geheimnis, »jetzt spare ich schon für die zweite.«

»Warum«, fragte ich und sah die junge Frau mitfühlend an, »warum brauchst du eine zweite? Diese hier ist doch so schön.«

Verblüfft sah er mich an. Verblüfft und gekränkt.

»Aber ich kaufe die zweite Frau doch nicht für mich«, sagte er. »Ich kaufe sie für diese hier, für die erste.«

Verstimmt setzten wir uns wieder an den Straßenrand. Endlich brach der Bäcker das Schweigen: »Es hat Zeiten gegeben«, sagte er leise, »da hatte mancher Mann fünf oder sechs Frauen. Aber das ist vorbei. Eine überholte Lebensweise ist das. In die Gegenwart paßt sie nicht mehr.«

Er schwieg erneut. »Es gibt aber heute Leute«, fuhr er endlich fort, »die wollen nur noch eine Frau. Das sind Dummköpfe, die gar nicht wissen, wie sehr sie gerade der Frau damit schaden. Eine Einzelfrau ist ja immer eine einsame Frau. Sie grübelt, sie ist traurig, sie ist schwierig und hat Depressionen aller Art. Die Einzelfrau ist eine Problemfrau. Weil sie allein leben muß, ist sie unglücklich.«

Sinnend sah der Bäcker von Ongarou zu Boden. »Der wahre Fortschritt«, sagte er dann, »liegt in der Mitte. Nicht mehr sechs Frauen, das schafft heute keiner mehr. Aber auch nicht eine schwierige Einzelfrau. Nein, die Zukunft gehört dem Zwei-Frauen-System. Das Zwei-Frauen-System ist fortschrittlich und psychologisch gesund.«

Ich sah empor zum hellen Sternenhimmel Afrikas und wußte nicht, was sagen. Zu sehr verblüffte mich die Symmetrie zwischen diesem Gedankengang über Frauen und all dem, was ich so oft in Europa von aufgeschlossenen Eltern über die wünschbare Zahl der Kinder gehört hatte. Doch beschloß ich in jener Nacht, mein Bier künftig nur noch lau zu trinken.

Zum ehrenden Gedenken an den Bäcker von Ongarou. Er ist, so glaube ich, der Inbegriff des modernen, fortschrittlichen, psychologisch aufgeschlossenen Menschen.

Die Unterhose über Grönland

Wenn ich mich hiermit anschicke, einige ganz persönliche Gedanken über die Unterhosen meiner Frau vorzutragen, so weiß ich mich des ungeteilten Beifalls aller von vornherein nicht unbedingt gewiß. Selbst der geneigte Leser wird beklommen fragen, warum und wie ich dazu kam, mich um die Unterhosen meiner Frau in einem Maße zu kümmern, das den Rahmen des Üblichen, ich will nicht sagen des Normalen, sprengt.

Es war auf einem langen Heimflug aus Los Angeles. Ich hatte dort wichtige Gespräche geführt, so daß mich jetzt, über Grönland, die Müdigkeit übermannte. »Komm«, sagte ich zu meiner Frau, »ich will schlafen, gib mir zwei Kugeln Ohropax.« Sie aber, die aufgeregt dem Geschehen vorn auf der Leinwand folgte, nahm ihre Kopfhörer gar nicht ab, sondern drückte mir nur ihre Bordtasche unwillig auf die Knie: »Da! Bedien Dich selbst. Aber mach das Licht nicht an, es blendet mich.«

Ich tat wie geheißen. Quer durch die Tasche meiner Frau fingerte ich im Dunkeln nach dem unverkennbar griffigen Plastikdöschen von Ohropax.

Da! Was war das? Im mittleren Fach, da, wo sie das Geld hat, die Reiseschecks und ihre Personalpapiere, ertastete ich plötzlich etwas unverkennbar Weiches. Etwas unverkennbar Sanftes. Etwas unverkennbar Schlüpfriges. Kein Zweifel, ich hielt eine Damen-Unterhose in den Fingern.

Jetzt konnte ich nicht mehr schlafen. Aber ich bin in einem Alter, in dem ein Mann sich zu beherrschen weiß. Erst als der Film zu Ende war, stellte ich meine Frau sachlich, aber entschlossen zur Rede. »Ach so«, sagte sie fast unwillig, »du meinst den Slip. Das ist doch nichts Besonderes. Das ist nur mein Slip gegen Flugzeugentführungen. Bei der Art, wie wir in der Welt herumfliegen, ist das ja nur eine Frage der Zeit, wann wir einmal das Opfer einer Flugzeugentführung werden.« Der Gedanke aber, fügte sie hinzu, vier oder fünf Tage im Flugzeug festzusitzen, ohne wenigstens einmal ihre Unterhose wechseln zu können, sei ihr ganz unerträglich.

Wie immer, wenn mich die Banalität des Weiblichen überwältigt, erzählte ich den Zwischenfall über Grönland meinem Freund Herbert. Herbert ist ein pensionierter evangelischer Pfarrer, und er ist ein Deutscher. Wie alle Deutschen war Herbert früher mal im Widerstand tätig gegen Hitler. Im Unterschied zu den meisten anderen Deutschen hat er aber auch dafür im Zuchthaus gesessen. Alle Jahreszeiten einmal treffen wir uns zu einer Flasche Bordeaux. Und zu einem Gespräch von Mann zu Mann.

Herbert, sonst ein Freund des raschen Witzes, wurde, als ich ihm die Geschichte von der Unterhose über Grönland erzählte, immer stiller, immer ernster. »Weißt du was«, sagte er leise, »im Herbst

1944 habe ich im Zuchthaus Halle etwas ganz Ähnliches erlebt.«

Alliierte Bomber hatten das Amtsgerichtsgefängnis von Halle in Schutt gelegt. Für die überlebenden weiblichen Häftlinge wurde im nahegelegenen Zuchthaus ein Flügel geräumt. »Kaum waren die Frauen einquartiert«, erzählte Herbert, »so herrschte in unserem Zuchthaus eine Stimmung, als wäre der Krieg zu Ende. Jedenfalls war es aus mit dem politischen Ernst. Aus allen Fenstern der mit Frauen belegten Zellen flatterten fröhlich, friedlich, weiß frischgewaschene Unterhosen zwischen den Gitterstäben.« Niemand hatte es vorgesehen, niemand erlaubt. »Aber glaube mir«, sagte Herbert, »keine Gestapo der Welt ist einer Frau gewachsen, die eine frische Unterhose haben will.«

Einen Augenblick schwiegen wir beide. Dann schenkte Herbert nach. »In allen Lebenslagen«, fuhr er fort, »in denen ein Mann zuerst an Politik denkt, an Terror, Krieg und Mord, denkt eine Frau zuerst an ein paar frische Unterhosen. Vielleicht sollten wir uns nicht scheuen, diesen bemerkenswerten Unterschied zum Gegenstand eines Workshops auf dem nächsten Kirchentag zu machen. Die Zeiten, in denen mancher glaubte, die Unterhose seiner Frau als etwas Unwichtiges, ja als etwas Frivoles abtun zu können, diese Zeiten, Freund, sind jedenfalls vorbei. Was hier und heute dem Denken greifbar näherrückt, ist mehr als nur das letzte Geheimnis zwischen Mann und Frau. Es ist der wesenhafte Unterschied zwischen Krieg und Frieden.«

Mit diesen Worten griff Herbert ein letztes Mal zur Flasche. Besinnlich, ernst, fast feierlich hob er sein Glas: »Hoch lebe, Freund, die Unterhose deiner Frau!«

Höchst sonntägliche Weisheiten im Monat Juni

Mein erster Mercedes

In einer seiner frühen Geschichten aus Dublin erzählt James Joyce von einem Handelsherrn, der sich in der Jugend manche Frechheit geleistet hatte, am lautesten gegen die Kirche und gegen die Religion. Doch dann waren die Jahre ins Land gegangen. Er war gereift zu einem erfahrenen Geschäftsmann, und sein Wort galt etwas in der Industrie- und Handelskammer. Nur wenn die Rede auf den Papst und auf die Kirche kam, da war er, immer noch wie einst, von flegelhafter Unbotmäßigkeit.

Eines Abends nun, nach einer langen Sitzung in der Industrie- und Handelskammer, fügte es sich, daß seine beiden besten Freunde etwas länger um ihn blieben. Schließlich fragten sie ihn, ob er sie nicht ein Stück Wegs begleiten wolle. Als wollten sie etwas sagen, was ihnen so leicht nicht von den Lippen ging.

Sie beide seien weiß Gott auch keine Betschwestern, hub der erste Freund behutsam an. Aber ob er denn nicht merke, daß seine vorwitzigen Sprüche gegen die Kirche längst nicht mehr zu ihm paßten? Nicht zu der gestandenen, reifen, verantwortungsvollen Art, die doch alle sonst so an ihm schätzten?

Nein, Betschwestern seien auch sie wahrhaftig keine, beteuerte der zweite Freund. Aber da gebe es doch seit einiger Zeit diese Abendandachten für Führungskräfte in der Jesuitenkirche. Da gingen sie beide hin. Da werde etwas anderes geboten. Keine altmodische, weibische Frömmelei, sondern eine moderne, nüchterne und kritische Religiosität – genau das Richtige für Männer, die mit beiden Füßen im Leben stehen. Ob er nicht einmal mitkommen wolle? Ob er sich nicht diesen kritischen Versuch schulde, gerade er, der doch so kritisch sei?

Ein letztes Mal bäumte sich alles in ihm auf. Doch schon stand er im Eingang der Jesuitenkirche. Schon hatten ihn seine beiden Freunde an den Schultern gefaßt. Sanft, aber bestimmt schoben sie ihn hinein. Er wußte nicht, wie ihm geschah.

Wie war es nur möglich, daß er sich vom ersten Augenblick an so unendlich wohlfühlte? Lag es an der verhaltenen Eleganz der carraragrauen Säulen vorn um den Altar? Lag es an der warm gedämpften, und doch flüsterklaren Akustik dieser Kirche? Lag es am Prediger selbst, an seiner ganz modernen, unbefangenen, kritischen Art?

Nein, das alles war es nicht. Es waren die Sitze. Keine abgewetzten Holzbänke, wie er sie in seiner Kindheit hassen gelernt hatte, sondern gediegene Polstersitze, barolorote Polstersitze waren das.

Und wie er sich nun zurücklehnte, in seinen baroloroten Polstersitz, wie er zu der wunderbar modernen Predigt des Jesuitenpaters die Augen glücklich schloß, da spürte er, daß die Wirrnis langer Jahre ein Ende gefunden hatte, und daß er heimgekehrt war in die Eigentlichkeit.

So erzählt James Joyce die Geschichte – so oder ähnlich, denn es sind viele Jahre her, seit ich sie, selbst ein wirrer Jüngling noch, gelesen habe. Und ich hatte sie schon lang vergessen, als jüngst nach einem Vortrag in der Industrie- und Handelskammer zwei meiner besten Freunde etwas länger um mich blieben. Als wollten sie mir etwas sagen, was ihnen so leicht nicht von den Lippen ging.

Sie hätten, begann behutsam der eine Freund, davon gehört, daß ich ein neues Auto kaufen wolle. Natürlich wollten sie mir da nicht dreinreden. Sie hätten ja auch damals nichts gesagt zu meinem ersten himmelblauen R 4, nichts zu meinem schrottbraunen Alfa Romeo, nichts zu dem rosarot geblümten kleinen BMW, mit dem ich kürzlich noch, befremdlich genug, zum Empfang bei der Frau Ministerin vorgefahren sei.

Wenn er trotzdem nun ein Wörtlein sage, fuhr der andere fort, so spreche er nicht nur als mein Freund, sondern auch als mein Urologe. Gewiß verdiene er gern an meinen Hämorrhoiden. Aber ob ich nicht wenigstens meinem morschen Steißbein zuliebe ein Auto kaufen wolle, wie ich es mir selber schulde, und wie ich es mir doch auch längst leisten könne?

Vielleicht, sprach wiederum der erste Freund, gehe es mir nur darum, mich am Steuer jugendlich zu fühlen. Nun denn, sie beide seien auch keine fetten Spießer. In einem 200er oder gar einem 300er könnten auch sie sich nicht vorstellen. Aber der kompakte, temperamentvolle 180er, das sei für dynamisch gebliebene Männer wie uns genau das richtige.

Ein letztes Mal bäumte sich alles in mir auf. Doch

schon hatten meine beiden Freunde mich an den Schultern gefaßt. Sanft, aber bestimmt schoben sie mich hinein. Ich wußte nicht, wie mir geschah.

Wie war es nur möglich, daß ich mich vom ersten Augenblick an so unendlich wohlfühlte? Lag es an der verhaltenen Eleganz der carraragrauen Lakkierung? Lag es an der warm gedämpften, und doch flüsterreinen Akustik? Lag's an dem silbernen Abendstern, der, überm Horizont der Motorhaube stehend, meiner flügelleichten Servolenkung ganz von selbst die Richtung zu weisen schien?

Nein, das alles war es nicht. Es waren die Sitze. Diese baroloroten Polstersitze. Und wie ich mich nun zurücklehnte in diesen wunderbar baroloroten Polstersitz, wie ich zur ersten Probefahrt am Steuer meines ersten Mercedes die Augen glücklich schloß, da spürte ich, daß die Wirrnis langer Jahre ein Ende gefunden hatte, und daß ich heimgekehrt war in die Eigentlichkeit.

Erleuchtung in Taizé

Was mich bewogen hat, in der Gesellschaft eines flotten Münchner Modeschöpfers und seiner charmanten Freundin im Porsche durch Burgund zu rasen, brauche ich hier nicht zu erklären. Das Eingeständnis mag genügen, daß ich, kaum zugestiegen, das törichte Unterfangen bitter bereute. Nicht etwa, weil der Münchner quer durch die Hügel und die Dörfer Burgunds auf engen Straßen sinnlos Gas gab, sondern, im Gegenteil, weil er alle Augenblicke sinnlos hielt.

Jemand mußte ihm in München schon erzählt haben, daß Rinder der Rasse Charolais etwas besonders Edles seien. Er bremste jedenfalls nicht nur vor jeder Kirche, sondern auch vor jeder Kuh. Sprang aus dem Wagen, riß die Kamera hoch und schrie: »Das muß in meinen Kasten!«

Schon hing ich nur noch dem Gedanken nach, wie ich mich aus solcher Gesellschaft taktvoll wieder lösen könne, als der Porsche unvermittelt hielt. Diesmal war es keine Kuh, sondern ein Jüngling. Auf einem Mäuerchen über der Straße saß er so stilvoll in sich gekehrt, als hätte Walther von der Vogelweide ihn dort hingesetzt. Auf seinem Knie hielt er ein Buch.

Der Jüngling lächelte. Sanft und unergründlich lächelte er in sein Buch. So selig hatte dieser Jüngling zu sich selbst gefunden, daß er uns drei samt unserem Porsche lächelnd übersah.

Sprachlos rollten wir weiter. Auf dem nächsten Mäuerchen über der Straße saß schon der nächste Jüngling selig lächelnd über einem Buch.

Und dann auf allen Rainen, allen Mauern, links und rechts der Straße junge Menschen ohne Zahl, alle gleichermaßen still und selig lächelnd.

In diesem Augenblick durchfuhr mich der Blitz der Erkenntnis. »Wißt Ihr was?« sagte ich aufgeregt zu dem Münchner Modeschöpfer und seiner Freundin, »das ist Taizé. Wir müssen nach Taizé geraten sein.«

»Was ist Taizé?« fragten wie aus einem Mund der flotte Münchner Modeschöpfer und seine charmante Freundin. In möglichst schlichten Worten berichtete ich von meinem frommen Landsmann, dem protestantischen Pfarrer Roger Schutz. Von dem schönen Kloster, das der Protestant mitten in die grünen Hügel Burgunds gebaut hat: um Katholiken und Protestanten zusammenzuführen. Um junge Menschen aus aller Welt einzuführen in die Meditation. Um vor abertausend selig lächelnden jungen Christen sich selbst so hohepriesterlich zu zelebrieren, wie das bei uns in der katholischen Kirche als letzter Papst Pius XII. tat. Dies alles erzählte ich und vieles mehr, und um so aufgeregter, als der Münchner Modeschöpfer mir kaum zuzuhören schien.

Plötzlich hielt er, mitten auf der Straße, den Porsche an. Zweimal, dreimal schlug er sich selber mit dem Kopf gegen das Lenkrad. Sah mir ins Gesicht und sagte laut: »Mein Leben lang habe ich mich gefragt, warum es Menschen gibt, die Bücher lesen, und was das ist, ein Buch. Jetzt habe ich es verstanden. Ein Buch, das ist ein geistiger Porsche für einen, dem der materielle Porsche fehlt.«

Diesen Augenblick nutzte ich, um mich aus dem materiellen Porsche rasch und höflich zu verabschieden. Doch war ich lange Zeit nicht mehr imstande, ein Buch in die Hand zu nehmen, ohne die Scham der Selbsterkenntnis zu empfinden.

Zwischenfall in Poona

In jener Zeit, als Rajneesh noch Bhagwan hieß und in Poona Hof hielt, begann sein Tageslauf mit einer Morgenpredigt, die er »our spiritual breakfast« nannte. Etwa zwei- bis dreitausend Menschen pflegten an diesem geistlichen Frühstück teilzunehmen. Alle hatten zuerst ein Eintrittsgeld von, umgerechnet, zwei Mark fünfzig zu bezahlen. Dann hieß es Schlange stehen vor einer Schleuse, wo zwei dicke Amerikanerinnen jede und jeden von oben bis unten mißtrauisch beschnupperten. Bhagwan war nämlich Asthmatiker, er war allergisch gegen Gerüche jeder Art und duldete in seiner Nähe kein Parfum.

Wer diese Leibesvisitation bestanden hatte, der durfte, dicht unter tausend anderen, im Lotussitz Platz nehmen auf einem kreisrund mit Marmor ausgelegten Platz. Vorne stand der Thron des geistlichen Meisters. Noch war er leer. Nichts war zu hören als, im Lautsprecher, die sanfte Therapeutenstimme eines jungen Engländers, die immer wieder dazu aufrief, sich ganz im Hier und Jetzt zu entspannen. Und still zu werden, ganz still – »especially, when the car arrives«.

So groß war die Stille, daß alle den Kies unter den Rädern des goldenen Rolls Royce knirschen hörten. Unendlich langsam fuhr der Meister eine Runde um seine versammelten Jünger. Am Fuße seines Purpurthrones stieg er aus.

In diesem Augenblick geschah es. Eine Frau mittleren Alters, eine Europäerin, sprang aus dem Lotussitz auf und begann, den göttlichen Meister mit wüsten Schreien zu beschimpfen. Ein Lügner und Betrüger sei er, ein Geschäftemacher, ein Scharlatan, ein Schwindler. »Fallt nicht herein«, rief laut die Frau, »fallt nicht herein auf diesen falschen Meister!«

Unbewegt hatte Bhagwan auf seinem Thron Platz genommen. Er lächelte überlegen. Er lächelte amüsiert. Ja, es schien, als fühle er sich durch die Vorwürfe der Europäerin geschmeichelt. Dachte er, der Inder, in diesem Augenblick an jenen unergründlichen Satz in der Bhagavad-gita, wo Gott von sich selber sagt: »dyutam chalayatam asmi« – »von allen Betrügern bin ich der gerissenste«?

Nein, Bhagwan dachte nicht an sich selbst. Vielmehr ließ er den Blick prüfend in die Runde schweifen, so als gelte es, jeden einzelnen von uns persönlich zu durchschauen. Dann, mit einem Mal, begann er laut zu lachen. »Diese Lady«, sagte er, »behauptet, ich sei ein falscher Meister. Aber es *muß* doch falsche Meister geben. Wo sollten sonst die falschen Jünger hin?«

Theologie des Tempolimits

Warum ist die Bundesrepublik das einzige Land ohne Geschwindigkeitsbeschränkung auf den Autobahnen? Darüber schüttelt ganz Europa den Kopf. Eine Erklärung suchen die meisten in der altbekannten Zügellosigkeit des deutschen Charakters. Ich teile dieses Vorurteil nicht. Die Deutschen sind heute das bravste Volk Europas. Daß sie immer noch kein Tempolimit eingeführt haben, liegt an einem viel harmloseren Umstand: Wichtiger als anderswo sind bei gesetzgeberischen Entscheidungen in Deutschland die Gutachten. Wohl hat es Dutzende davon gegeben. Doch alle sind zu Recht verworfen worden. Denn aus was für Wissenschaften kamen sie? Aus der Statistik, der Medizin und leider auch aus der Verkehrspsychologie. Was bislang schmerzlich fehlte, war ein Gutachten aus der einzigen Wissenschaft, der alle Bürger unbeschränkt vertrauen dürfen. Das ist die Theologie.

Wenn ich mich nunmehr anschicke, das erste theologische Gutachten zum Tempolimit auf deutschen Autobahnen vorzulegen, so bin ich mir der feierlichen Mahnung Papst Leos XIII. bewußt, daß alle Theologie nur darin bestehen kann, die Gedanken des heiligen Thomas von Aquin nachzudenken. Wohl hat der heilige Thomas im 13. Jahrhundert gelebt. Wer daraus freilich schließt, er habe von der Raserei auf deutschen Autobahnen nichts verstanden, der verrät nur, daß er selber nichts versteht von moderner Wissenschaftslogik. Kennzeichnet es doch die exakten Wissenschaften, daß sie fähig sind zur Prognose. Die Theologie ist aber von allen Wissenschaften die exakteste. Denn sie geht aus von unfehlbaren Dogmen. Deshalb ist sie auch fähig zur höchsten Form der Prognose. Das ist die Prophezeiung. Prophetisch vorweggenommen steht alles, was wir heute über das Tempolimit wissen müssen, in der Summa Theologica des heiligen Thomas von Aquin, Prima Pars, Quaestio 113, Artikel 8.

In aufregend moderner Weise stellt sich Thomas hier die Frage, warum in christlichen Ländern so viele Unglücksfälle passieren. Und dies, obwohl jeder Christ einen Schutzengel hat, der von Gott eigens dazu bestellt wurde, Unglücksfälle zu verhindern.

Die Antwort, sagt der heilige Thomas, steht schon im Alten Testament, und zwar im Buch Daniel, 10. Kapitel, 13. Vers: »Der Engel der Perser widerstand dem Engel der Juden während dreißig Tagen.« Nicht deshalb also ist im Perserkrieg soviel Unglück über die Juden gekommen, weil ihr eigener Schutzengel versagt hätte. Der tat, was er konnte. Aber der Schutzengel der Perser tat eben auch, was er konnte. Und so schließt der heilige Thomas von Aquin, daß unsere Schutzengel niemals versagen, daß sie sich aber leider Gottes sehr oft gegenseitig blockieren, weil jeder Schutzengel an nichts anderes denkt als an seinen eigenen Schützling.

Aber stellen wir uns die Szene lieber nicht im

alten Orient vor, sondern im modernen Deutschland. Auf öder Flur bei Münster, oder sagen wir besser: Auf öder Flur bei Paderborn nähern sich aus allen vier Himmelsrichtungen vier Autos einer Kreuzung. Über jedem Auto schwebt ein Schutzengel, der an überhaupt nichts anderes denkt als an seinen Schützling da unten. Es passiert, was passieren muß: Noch bevor die vier Autos zusammenknallen, sind bereits in der Luft über ihnen die vier Schutzengel zusammengeknallt.

Aber sind es wirklich nur vier Schutzengel? Im Jahre 1925 hat Papst Pius XI. die heilige Franziska von Rom verhängnisvollerweise zur Patronin aller katholischen Autofahrer erklärt. Der Papst tat das in bester Absicht. Die heilige Franziska von Rom hatte nämlich drei Schutzengel, und es könne gar nichts schaden, meinte Papst Pius XI., wenn künftig auch jeder katholische Autofahrer mindestens drei Schutzengel habe.

Stellen wir uns jetzt das furchtbare Unglück bei Paderborn noch einmal möglichst realistisch vor. Wie bereits geschildert, nähert sich von jeder Seite ein Auto der einsamen Kreuzung. Noch bevor sie tragisch zusammenstoßen, hat am Himmel über ihnen bereits eine Massen-Carambolage von mindestens zwölf Schutzengeln stattgefunden.

Was lehrt uns das? Es lehrt uns, daß die Bundesregierung gut beraten wäre, ein künftiges Tempolimit auf deutschen Autobahnen konfessionell zu staffeln. In der Tempoklasse I sind alle atheistischen Autofahrer zusammenzufassen. Sie haben keinen

Schutzengel und sind somit am wenigsten gefährdet. Wenn ein Atheist trotzdem die Böschung hinunterkullert, so ist das, unter uns gesagt, auch gar nicht so schade. Als Theologe empfehle ich deshalb für atheistische Autofahrer weiterhin unbeschränktes Tempo auf deutschen Autobahnen.

In die Tempoklasse II gehören unsere evangelischen Brüder und Schwestern. Sie haben einen Schutzengel. Nur einen. Aber das ist gefährlich genug, um über sie ein Tempolimit von höchstens 100 Kilometern zu verhängen.

Bleiben, last but not least, in der Tempoklasse III die katholischen Autofahrer. Jeder von ihnen hat über seinem Auto drei Schutzengel. Der eine will nach links, der andere will nach rechts, der dritte will vielleicht sogar auf offener Fahrbahn wenden. Unter diesen lebensgefährlichen Umständen gelte hinfort für katholische Autofahrer auf allen deutschen Autobahnen ein strenges Tempolimit von höchstens dreißig Kilometern in der Stunde. Die drei Schutzengel, die sich um jedes katholische Steuer streiten, erhalten so Zeit und Gelegenheit, sich vor Gott und den Menschen einig zu werden.

Bevor es knallt.

Höchst sonntägliche Weisheiten im Monat Juli

Theologie des Trinkgelds

Tigerscheiße. Ich sage nur: Tigerscheiße. Es gibt auf der ganzen Welt nichts, was so bestialisch stinkt wie frische Tigerscheiße. Ich weiß das, weil ich mit der eigenen Nase vor einem ganz großen Haufen Tigerscheiße gesessen habe. Das war in Tamil Nadu, im Süden Indiens, am Rande des Dschungels von Mudumalai.

Um diesen Dschungel in einer ganztägigen Tour zu durchqueren, war ich um sechs Uhr früh allein mit einem Dschungelführer aufgebrochen. Inzwischen war es halb zehn, und wir waren keine fünfhundert Meter vorangekommen. Und je höher die Sonne stieg, desto klarer wurde mir das Unbegreifliche: Mein Dschungelführer fand den Dschungel nicht.

Statt dem schmalen Pfad zu folgen, der stracks vor uns in den Dschungel führte, schlug er, mit merkwürdigen Gesten des Zögerns und der Bedenklichkeit, mal nach rechts, mal nach links Kreise in den Busch, die uns nach einer Weile unweigerlich zurückführten zum Punkt, woher wir kamen. Bis er endlich vor einem dampfenden Haufen stehenblieb. »Fresh tiger droppings!« sagte er feierlich, »frische Tigerscheiße!« Er setzte sich und ließ den Blick ins Grenzenlose schweifen. Offensichtlich dachte er nach.

Ich auch. Was hatte ich in Indien bisher anderes erlebt als dampfende Tigerscheiße? Am ersten Tag einen Taxifahrer, der mich nicht, wie gewünscht, beim schweizerischen Ehrenkonsul absetzte, mitten in der Stadt, sondern zehn Kilometer vor der Stadt in einer Opiumhöhle. Gestern im Hotel einen Kellner, der mich stundenlang auf das bestellte Abendessen warten ließ und zum Schluß nur die Achsel zuckte: »Sorry, no chicken available.« Und nun, am dritten Tag, einen Dschungelführer, der einfach nicht den Dschungel fand.

Das ist die Situation, in der ein Deutscher laut anfängt zu schreien. Ein Schweizer nicht. In die dampfende Tigerscheiße starrend, dachte ich schweigend nach. Hatte ich vielleicht die ganze Zeit selber etwas falsch gemacht? Und es kam mir ein Gedanke: Behutsam entnahm ich der Außentasche meines Rucksacks das kostbare Päcklein schweizerische Zigarillos, die ich eigentlich erst am Abend rauchen wollte, zum glücklichen Ausgang der Dschungeltour. »Hier«, sagte ich zu dem Dschungelführer, »ein Geschenk für dich. Willst du jetzt schon eine rauchen?«

Das Päcklein Zigarillos war weit mehr wert als die zwei Mark fünfzig Tageslohn, die ein guter Dschungelführer in Mudumalai bekommt, und es war dem jungen Mann anzusehen, daß er von seinem Glück überwältigt war. Doch als ich nach Streichhölzern suchte, wurde er unruhig. »Rauchen wir nachher«, sagte er, »du hast ja noch gar nichts gesehen. Wir müssen endlich los.«

Elefanten habe ich zu sehen bekommen, die sich wie ein Güterzug durch den Bambuswald schoben. Einem Kragenbären schaute ich zu, wie er einen Ameisenhügel aufkratzte. Und es wurde eine Dschungelwanderung schöner als aus Kiplings Dschungelbuch. Nicht zwei Mark fünfzig, wie vereinbart, gab ich meinem Führer, sondern fünf Mark. Dann stellte ich mich an die Rezeption meines Hotels und klatschte tausend Rupien auf den Tisch. »Etwas Kleingeld bitte!« sagte ich so laut als möglich. »Fürs Trinkgeld!«

Das Abendessen geriet zum Königsmahl. Nicht nur chicken war available, sondern ein sagenhaftes chicken tandoori. Und als ich, eine Schnitzelspur von Rupien hinter mir zurücklassend, selig auf mein Zimmer ging, kam mir der Chef persönlich nachgelaufen, um mir etwas in die Hand zu drücken: »Hier«, sagte er, »wir haben gerade gemerkt, daß Ihre Badewanne bisher keinen Stöpsel hatte.«

Es ist hier nicht der Ort, um zu berichten, wie mir in den folgenden Tagen jeder Wunsch, auch der verschwiegenste, von den Augen abgelesen wurde. Das war's gar nicht so sehr. Das Tolle war die Stimmung.

Nicht berechnete Ausnützerei, nicht schnöde Raffgier schlugen mir entgegen. Im Gegenteil. Je mehr ich mit Geld um mich schmiß, desto mehr erfaßte das ganze Hotel, vom Küchenjungen bis zum Stubenmädchen, eine Laune von überströmender Heiterkeit, von festlicher Herzlichkeit, von lachendem Glück.

Ein einziges Mal hatte ich zuvor eine solche Stimmung erlebt. Das war in meiner Kindheit, auf einer Hochzeit in der Schweiz. Jetzt erlebte ich auf meine alten Tage, wie sich um mich herum ein ganzes indisches Hotel in eine Art Hochzeitsgesellschaft verwandelte. Und ich war der Bräutigam. Der Glückliche, der einen ausgibt. Nicht weil es den andern zusteht, sondern weil es ihm Spaß macht, andere glücklich zu machen mit seinem eigenen übergroßen Glück.

Das ist das innerste Wesen der Welt. Sola Dei gratia: Die ganze Schöpfung existiert nur aus der reinen, der überströmenden, der grundlosen göttlichen Großzügigkeit. Sola mea gratia: Göttlich ist auch der Mensch, wenn er grundlos großzügig ist. Und wenn es töricht ist, verschwenderisch zu sein, dann ist Gott der größte Tor.

Das ist die Theologie des Trinkgelds. Und ich denke an die 3,4 Billionen Mark privates Geldvermögen, das allein die Deutschen angehäuft haben. An die Urlaubsreisen, die wir uns leisten können, nach Arizona, in den Himalaya, nach Peru. Aber rund um den Globus verfolgt uns nur eine Sorge: daß uns irgendwo ein armer Schlucker zwei Mark fünfzig mehr abknöpfen könnte, als ihm, genau berechnet, zustehen. Das erste, was wir im Reiseführer nachschlagen, ist unsere bohrende Frage, ob dem Kellner überhaupt ein Trinkgeld zusteht, und wenn ja, wieviel höchstens. Und wenn wir wieder zu Hause sind, dann wundern wir uns, daß wir vielleicht schöne Landschaften gesehen haben, daß uns aber im Umgang mit den Menschen nichts anderes entgegendampfte als frische Tigerscheiße.

Gebt Trinkgeld. Gebt viel mehr Trinkgeld. Und ihr werdet glücklich sein wie Gott.

Das Weib im Moor

Auf der Suche nach der verlorenen Ursprünglichkeit geriet ich einmal im Westen Frankreichs in einen tiefen Sumpf. Er heißt auf den Karten »Marais Poitevin – Sumpf von Poitiers.« Freilich ist der Marais Poitevin seit der Zeit Heinrichs IV. nicht mehr ein eigentliches Moor, sondern ein grünes Labyrinth von abertausend verwunschenen Kanälen. So jedenfalls habe ich diese Landschaft damals noch erlebt.

Es waren die späten fünfziger Jahre. Noch war Frankreich ein Land ohne Wanderwege, ohne Wein-Seminare und ohne restaurierte Fachwerkhäuser voll von deutschen Studienräten. In Coulon, einem steinigen Dorf an der Sèvre, war ich der einzige Fremde.

An einem Abend nahm mich mein Gastgeber hinab zur Böschung des Flusses, zeigte mir seinen Kahn und sagte: »Es ist Zeit, daß du zu den Reihern fährst.« Dann holte er noch aus seinem Schreibtisch jene Meßtischkarten des Institut Géographique National, die soviel kunstvoller gemacht sind als die unseren, daß einen schon beim bloßen Hinsehen auf die Karte die Sehnsucht nach der Landschaft übermannt. Weit im Westen von Coulon, schon fast dem Meere zu, im tiefsten Sumpf, zeigte er mir eine Halbinsel an der Sèvre, die mit Ile de Charouin bezeichnet war. »Da«, sagte er, »nisten die Reiher. Soll ich dir ein Bild davon zeigen?«

Ich schüttelte den Kopf. Ich stamme ja noch aus einer Zeit, in der die Kinder nicht mit Bildern aufwuchsen, sondern mit Gedichten. Ohne je einen Reiher gesehen zu haben, weiß ich, wie Reiher sind:

»Regungslos, mit der Hälse
heraldischem Beugen,
stehen die Reiher, unzählbar, konturenscharf
über den hurtigen grünlichen Wellen
im silbernen Licht.
Sieh, das Leben, das edel geartet, bedarf,
sich zu bezeugen,
der Bewegungen nicht.«

Im ersten Morgengrauen ruderte ich los. Durch Kanäle, die, überdacht mit Weiden und mit Espen, meist nicht breiter waren als zwei ausgestreckte Arme. Vorsichtig einen Weg mir bahnend durch die »lentilles«, die hellgrünen Linsenalgen, vorsichtig vorbei an den ausgelegten Aal-Reusen. Manchmal schoß wie ein blauer Blitz ein Eisvogel durch das grüne Dickicht. Und einmal sah ich weit draußen, mitten auf dem Feld, ein düsteres Viereck von Zypressen.

Ein Hugenottengrab. Durch die Jahrhunderte war der Sumpf von Poitiers die letzte Zuflucht für Banditen und für Ketzer, für Frankreichs vaterlandslose Gesellen.

Es war im hellen Morgenlicht des dritten Tages, vielleicht um acht Uhr früh, als ich im tiefsten Inneren des Moores die Ile de Charouin erreichte. Zu meiner Überraschung lag an der Spitze der Halbinsel ein kleines Bauernhaus, das auf den sonst so exakten französischen Karten nicht verzeichnet war. In dem schmalen Gemüsegarten davor arbeitete, die Frische der morgendlichen Stunde nutzend, eine alte Frau. Als sie sich aufrichtete, um mir ins Gesicht zu sehen und meinen Gruß zu erwidern, wußte ich auf einen Schlag, daß meine lebenslange Suche nach der verlorenen Ursprünglichkeit am Ziel war.

In ihrer blau geblümten Schürze, dem weiten schwarzen Rock, den grauen Wollstrümpfen, mit ihren ganz kleinen, lebhaften schwarzen Augen in einem breit verwinkelten Gesicht sah die alte Französin aus wie eine Urgestalt aus Balzacs frühesten Romanen. Nie im Leben hatte diese Frau einen Gedanken auf Ursprünglichkeit verschwendet, nie einen Schritt getan, um nach Ursprünglichkeit zu suchen. Sie war die Ursprünglichkeit in Person.

Ich fragte nach den Reihern, und sie überlegte einen Augenblick. »Mit dem Boot«, sagte sie, »ist der Weg zu schwierig zu erklären. Du legst am besten an. Hinter unserem Haus beginnt ein Fußpfad. Bis zu den Reihern sind es höchstens fünf Minuten.«

Dann, schon wieder sich der Arbeit zuwendend, fügte sie leise hinzu: »Sie müssen sehr schön sein, unsere Reiher. Ich habe sie im Fernsehen gesehen.«

»Je les ai vus à la télévision.«

Gewitter über Schottland

Als der große Sturm über Schottland losbrach, da waren wir, meine Frau und ich, einsam unterwegs im Grampianischen Gebirge, auf halbem Wege zwischen Loch Ericht und Loch Ossian, mitten in jenen höchsten Mooren, wo jede Hoffnung auf die Hilfe anderer Menschen von vornherein vergeblich scheint.

Wahrscheinlich war es nur der Kompaß der schweizerischen Armee, der uns das Leben rettete. Seiner Nadel blind uns anvertrauend, gelangten wir, uns mit dem Rucksack stemmend gegen den Orkan, quer durch das Moor zu einer Hütte, die am Fuße des mächtigen Ben Alder von altersher Schafhirten Zuflucht bot.

»Boothies« nennen die Schotten solche steinernen Hütten im Hohen Moor. Diese hier war besonders karg eingerichtet. Tisch und Stühle gab es nicht; das einzige Möbel war eine große hölzerne Bettstatt, die nachts gespenstisch knarrte, wenn ab und zu der Sturm die Wolken einen Augenblick zerriß und fahl das Licht des Mondes in die Hütte flackerte.

Mit dem prasselnden Regen draußen war drinnen eine feuchte Kälte gekommen, die durch alle Pullover drang. Uns fror. Um so mehr wunderte ich mich über den großen offenen Kamin. Wozu mochte er nütze sein in einer Ödnis, in der weit und breit kein Wald zu sehen ist, kein Baum, nicht einmal ein Gebüsch? Doch meine Frau, des Landes ungleich kundiger als ich, wußte Rat. »Mann«, sagte sie am dritten Tag, als der Sturm einen Augenblick innehielt, »Mann, geh ins Moor hinaus und säge Wurzeln ab.«

Es sind die Wurzeln alter Föhrenwälder, über die der Torf längst meterhoch gewachsen ist. Doch dort, wo Wasserläufe sich tief ins Moor gefressen haben, ragen diese alten Wurzeln heute gespenstisch in die Luft. Mit der herausgeklappten Säge meines schweizerischen Soldatenmessers sägte ich Wurzel um Wurzel ab. Obwohl sie vor Nässe troffen, brannten diese Wurzeln aus dem Moor so lichterloh, als wären sie in Öl getaucht.

Draußen brach der Sturm von neuem los. Drinnen gingen uns am vierten Tag die Lebensmittel aus. Doch meine Frau, des Landes kundig, geriet darüber nicht in Panik. »Cantharellus cibarius«, meinte sie aufmunternd, »jetzt beginnt die Zeit der Pfifferlinge. Sobald die Sintflut ein bißchen nachläßt, müssen wir raus zum Sammeln.«

So muß das Leben in den Höhlen der Steinzeit gewesen sein. Tagsüber lauerten wir auf die kurzen Augenblicke, wo wir rauskonnten, sie, um Pilze zu sammeln, ich, um Wurzeln zu sägen, abends saßen wir wortlos da und schauten zusammen ins offene Feuer. Das Spiel der Flammen ließ uns nicht los. Im tausendfachen Wechsel der Farben und Figuren loderten und züngelten sie so abwechslungsreich, so spannend und entspannend zugleich, daß wir ihnen viele Stunden zusehen konnten, ohne uns eine

Sekunde zu langweilen. »Weißt du was«, sagte meine Frau mit einem Mal, »wir sitzen hier vor unserem Feuer aus der Steinzeit genau wie eine ganz normale moderne Familie daheim vor ihrem Fernsehapparat.«

Nie hatten wir bei uns zu Hause das Fernsehen angeschafft. Nie haben wir verstanden, warum ringsum die Familien alle, Abend für Abend, viele Stunden vor dem Fernsehen sitzen, einträchtig und in wortlosem Glück.

Jetzt, in einer sturmumtobten Hütte im schottischen Moor, verstanden wir. *Was* das Fernsehen zeigt, ist gänzlich gleichgültig. Wichtig ist allein das urtümliche Züngeln und Lodern der Bilder, das einträchtige Hinstarren in ein endloses Geflacker von Farben und Figuren. In ihm erlebt die moderne Familie etwas ganz Ursprüngliches, Wahres und Echtes. Abend für Abend erlebt sie neu ein steinzeitliches Glück.

Lob der technischen Phantasie

»Sie haben Glück«, sagte die Sekretärin im Gemeindebüro, »im ganzen Dorf ist nur noch eine einzige Ferienwohnung frei.« Sie trat ans Fenster. »Es ist das Haus dort oben«, sagte sie und zeigte hinauf an den Hang.

Ein Haus wie aus dem Märchen. Ein kleiner alter Bauernhof allein über dem Dorf, mit einem Obstgarten zur Rechten, mit ein paar alten Buchen zur Linken, mit einem Birnenspalier davor, und grenzenlos frei die Aussicht auf die gesamten Alpen. Das schönste Ferienhaus der Schweiz.

»Il y a un problème«, sagte behutsam die Gemeinde-Sekretärin, »Madame est handicapée.« Die alte Dame, die selber in dem Haus wohne und darin zwei Ferienwohnungen vermiete, sei seit ihrer Jugend so schwer gelähmt, daß sie nur noch den Kopf und einen Arm selbst bewegen könne. Ob es uns trotzdem recht sei?

Urlaub, meine ich, sei nicht die Zeit, sich mit fremdem Elend zu belasten. Doch es war die einzige Wohnung, die frei war. Und das Haus war märchenhaft schön. Zögernd sagten wir zu.

Kaum waren wir drin in unserer neuen Ferienwohnung, als ein merkwürdiges Geräusch unsere Aufmerksamkeit fesselte. Ein Quietschen war das, fast wie im Straßenverkehr. »Das kann nur Madame sein«, sagte meine Frau und deutete zur Decke. Wir sollten dieses Geräusch noch oft hören: Madame hatte die Kurve von der Küche ins Wohnzimmer mit ihrem elektrischen Rollstuhl etwas zu sportlich genommen.

Dann ein zweites Geräusch. Ein langgezogenes metallisches Schnarren. Was war das? Es war Madame, die in ihrem Spezialaufzug für Behinderte hinunterfuhr vors Haus, dann im Rollstuhl den Hügel hinab, quer durch das Dorf und wieder den Hügel hinauf – so virtuos wie ein kleiner Junge im Autoscooter auf der Kirmes.

Doch dann, am frühen Morgen und am Abend, wiederholt, noch ein anderes, eher hydraulisches Geräusch. Was das nur war? Trotz aller Neugier fanden wir es nicht heraus. Nach einer Woche hatte ich den Mut, Madame selbst zu fragen.

»C'est la grue«, antwortete die alte Dame amüsiert. Es sei der Kran, mit dem die Gemeindeschwester sie morgens und abends aus dem Bett in den Rollstuhl hebe, in die Badewanne und wieder ins Bett. Und sie zeigte mir, quer durch die Wohnung, die raffinierten technischen Geräte, mit denen sie trotz ihrer fast völligen Lähmung den Haushalt und die Geschäfte selber führen, ja für sich selber kochen konnte.

Ich kam mir vor wie in den frühesten Träumen der Kindheit. Damals litt ich an einem Albtraum, den alle kennen. Das war, mitten in der Nacht, das Gefühl tödlicher Lähmung. Und dann, im Augenblick der schlimmsten Beklemmung, von der kindlichen Phantasie im Schlaf herbeigezaubert, ein magischer Trick, der die tödliche Lähmung bezwang. Ein archaischer Traum; hier war er Wirklichkeit geworden. Die Grausamkeit des Lebens war bezwungen mit dem Zauber technischer Phantasie.

Wir sind seither jedes Jahr zu Madame gefahren. So oft, daß ich sogar daheim, auf der Straße, nur einen Behinderten im Rollstuhl zu sehen brauche, um an Urlaub zu denken, an ein märchenhaftes kleines Haus und an unbeschwertes Glück.

Wir sind nur Gast auf Erden

Mein jüngster Sommerurlaub war ein bißchen chaotisch. Das liegt daran, daß ich Theologie studiert habe. Und habe ich auch längst dem geistlichen Gewand entsagt, so liegt mir doch noch heute viel daran, wenigstens die kostbarsten Wochen des Jahres in geistlicher Gesellschaft zu verbringen.

Als erstes rief ich meinen alten Studienfreund Ambrosius an. Er ist heute Pfarrer im Kanton Solothurn. »Sag mal, Ambrosius«, fragte ich am Telephon, »wollen wir nicht diesen Sommer zusammen die große Wanderung durch die Schluchten des Vorderrheins machen, von der wir schon so oft gesprochen haben?« Die Antwort meines geistlichen Freundes kam verlegen. »Leider«, sagte Ambrosius, »habe ich mich für diesen Sommer schon engagiert. Ich arbeite mit an einem pastoralen Sonderprojekt in São Paulo.«

Als zweites rief ich meinen alten Studienfreund Leontius an. Er ist heute Spiritual in einem Frauenkloster im Schwarzwald und hat im allgemeinen am Telephon viel Zeit. Diesmal war er kurz angebunden. »Für den Sommer«, sagte er, »habe ich schon die Vertretung eines Pfarrers in der Nähe von Chicago übernommen. Und ich kann dir eins versichern: Ich werde es den Amerikanern von der Kanzel herab klar und deutlich sagen, daß das eine Schweinerei ist, was sie da machen mit der Umwelt in Lateinamerika.«

Es war schon Mitte Juli, als ich meinen alten Studienfreund Mauritius anrief. Er ist heute Mönch in einem Kloster in Toulouse. Zu meiner Überraschung nahm der Prior des Konvents das Telephon selber ab. »Mais vous avez de la chance«, sagte er aufgeräumt, »ich bin der letzte, der überhaupt noch hier ist. Die anderen sind alle schon verreist.« – »Und wann«, fragte ich zaghaft, »ist der Père Maurice wieder da?« – »Rufen Sie doch«, sagte der Prior gönnerhaft, »im September wieder an. C'est la rentrée. Dann sind alle wieder da.«

Verzweifelt fuhr ich nach Hause und erzählte mein Mißgeschick. Mein altes Mütterlein, das sonst im Klerus immer ein und aus weiß, zuckte diesmal nur die Schulter. »Mit unserem Pfarrer«, sagte sie, »kannst du auch nicht in Urlaub fahren. Er leitet diesen Sommer, stellvertretend, ein kirchliches Bewässerungsprojekt in Peru.«

Meine anderen geistlichen Freunde brauchte ich inzwischen gar nicht mehr anzurufen. Sie waren allesamt schon gratis abgedampft. Ab der eine nach Tahiti. Ab der andere nach Casablanca. Gratis alle als Bordkapläne ums Seelenheil besorgt auf schikken Kreuzfahrt-Dampfern.

In meiner Verbitterung tat ich zum ersten Mal in meinem Leben etwas völlig Weltliches und somit völlig Kopfloses. Beim Club Méditerranée buchte ich in letzter Stunde einen Single-Urlaub mit Wasserski auf Korfu.

Zum Glück gelang es mir auf Korfu gleich am ersten Abend, eine Doppelkopfrunde um mich zu versammeln. Für alle, die's nicht wissen: Doppelkopf spielen können ist heute im Klerus fast so wichtig wie früher das Latein. Wenn schon kein Klerus, dachte ich wehmütig, dann wenigstens Doppelkopf.

Ich darf berichten, daß es eine äußerst angenehme Runde war. Lauter Männer wie ich, nicht sehr lebenserfahren, aber doch sehr weltläufig. Erst am dritten Abend schöpfte ich Verdacht. »Sag mal«, fragte ich den einen, »was bist du eigentlich von Beruf? Therapeut oder so was?« Der Angesprochene senkte das Haupt. »Ich bin«, bekannte er leise, »Pfarrer im Oldenburgischen.«

Erstaunlicherweise rief dieses Bekenntnis in unserer Runde auf Korfu kein Befremden hervor, sondern eher so etwas wie trauliche Erleichterung. »Dann kann ich es ja sagen«, sagte der zweite, »ich bin Pastoralassistent im Elsgau.« Nur der dritte schwieg hartnäckig. Am zweitletzten Urlaubstag kam es dann aber doch heraus: Jörg, unser As im Wasserski, war ein junger Jesuitenpater aus Sankt Gallen.

Ich erzähle das alles nicht zum Vergnügen, sondern weil ich die Scheinheiligkeit nicht länger ertrage, mit der so viele Katholiken am Papst herumkritisieren. Der Heilige Vater, heißt es, reise zuviel. Nur der Heilige Vater? Der gesamte Klerus ist pausenlos unterwegs. Und das ist gut so. »In statu viatoris«, »auf der Reise« zu sein, sagt der heilige Thomas von Aquin, sei das innerste Wesen christlicher Existenz.

Wesenhaft ist die Christenheit eine mobile Gesellschaft. Wie denn geschrieben steht im Brief an die Hebräer, 13. Kapitel, 14. Vers: »Non habemus hic manentem civitatem – Wir haben hienieden keine bleibende Stadt.«

Höchst sonntägliche Weisheiten im Monat August

Die vier alten Juden in Colorado

Ich weiß ein kleines Dorf in Colorado. Es heißt Hot Sulphur Springs und liegt auf halbem Weg von Denver nach Salt Lake City, jenseits der Wälder von Arapaho.

Jedes Jahr im August fahre ich dorthin zur Rheumakur. Und ich weiß gar nicht, was mich am meisten anzieht. Ist es das silberne Grün der Hügel Colorados, die, soweit das Auge schweift, von Wermut und Wacholder schimmern? Ist es die Rio-Grande-Eisenbahn, die hier, wie ein Knabentraum, durch die Rocky Mountains gedonnert kommt? Oder sind es, unten am Fluß, die beiden heißen Schwefelhöhlen, in die ich zweimal am Tag für sieben Dollar steige, auf der Suche nach ewiger Jugend wie einst die alten Weiber vom Indianerstamm der Ute?

Nein, das alles ist es nicht. Es sind die vier alten Juden. Die vier alten Juden will ich wiedersehen in den Wermuthügeln von Colorado. Und sonst nichts.

Es ist jetzt zu berichten, daß es für die letzte Handvoll alter Badegäste in Hot Sulphur Springs nur noch die Wahl gibt zwischen zwei Hotels. Oben an der Landstraße Nr. 40 steht das »K. C. Motel«. Da logieren die vier alten Juden. Unten am Fluß liegt das »Riverside Hotel«. Da logiere ich.

Das »K. C. Motel« ist eine windige Holzbaracke

mit Neonbeleuchtung. Aber es hat Kochnischen, darauf kommt es den vier alten Juden an. Da bereiten sie, nach dem Rheumabad, ihr Essen selber koscher zu. Das Riverside Hotel dagegen ist alles andere als koscher. Es ist ein verkrachtes Bordell aus der Goldsucherzeit. Ein Gentleman aus Spanish Harlem, namens Abe Rodriguez, hat es vor ein paar Jahren gekauft. Zum Wochenende ist es jetzt eine lockere Absteige für romantische Paare aus Denver. Die Woche über aber bin ich meist mit Abe Rodriguez allein. Morgens schon, im viktorianischen Saloon des Bordells, serviert er mir zum Frühstück Kammermusik von Frescobaldi. Dazu sprechen wir kaum ein Wort. Wir warten, bis es acht Uhr schlägt. Punkt acht kommen die vier alten Juden.

Und es ist jeden Morgen das gleiche ungeheure Spektakel: Zu Fuß, in einer Reihe, in hohen schwarzen Filzhüten, mit weißen, wallenden Bärten, in schwarzen Anzügen alt und abgewetzt, als hätten sie sie noch aus Rußland mitgebracht, so kommen die vier Greise die Dorfstraße in Colorado herab. Vor dem Riverside Hotel überschreiten sie die Brücke und verschwinden drüben in den Schwefelquellen. Sobald sie kommen, leert sich die Straße. Als verschlüge es dem Dorf die Sprache. Als wäre es »High Noon«.

Es ist das Gegenteil. So schutzlos, so zerbrechlich geben sich die vier alten Juden in ihrer altväterlichen Tracht dem Wilden Westen preis, als wären sie aus Rußland nach Colorado ausgezogen, um vor der Welt das Prinzip des Mathematikers Blaise Pascal zu verkörpern: Das Höhere erscheint in der Gestalt der Schwäche. Im Saloon des Riverside Bordells teilte ich diesen Gedanken meinem Freund Abe Rodriguez mit.

Der Gentleman schüttelte den Kopf. »Das ist europäische Metaphysik«, sagte er. »Hast du nicht gesehen, wie die vier nach links und rechts verstohlene Blicke werfen, um sich zu vergewissern, daß sie auffallen? Hast du nicht gehört, wie sie viel lauter Jiddisch schwatzen, als es zur eigenen Verständigung nötig wäre? Die vier sind doch schon fast ihr ganzes Leben in New York. Wenn die nach Colorado kommen, um koscher zu baden, dann ist das keine europäische Tragödie, sondern eine amerikanische Schau.«

In diesem Augenblick geschah etwas Ungewöhnliches. Während die drei anderen weitergingen, blieb der vierte alte Jude auf der Brücke stehen. Er wandte sich einem kleinen Jungen zu, der dort fischte. »Boy, what a fish!« sagte er und deutete hinab ins Wasser. Dann zeigte er, mit der Spanne zwischen beiden Händen, die Größe des Fisches an. Mehr als ein Fischlein konnte es nicht sein. Staunend aber machte der kleine Junge die Geste des alten Juden nach: »Boy, what a fish!«

Dann kamen alle anderen kleinen Jungs von Hot Sulphur Springs. Dann kamen die Neger. Dann kamen, aus dem Riverside Hotel, Abe Rodriguez und ich. Alle staunten, alle schwatzten wir über den Fisch. Wir wußten nicht, wie uns geschah. Nie zuvor ist auf der Brücke von Hot Sulphur Springs über so ein Fischlein auch nur ein Wort verloren worden.

»Weißt du, woran mich das erinnert?« sagte Abe Rodriguez, als wir wieder zurück waren in unserem Bordell. »Es erinnert mich an die Besuche des Papstes in Amerika. Zuerst kommt der Heilige Vater so spektakulär durchs Land gezogen wie die vier alten Juden durch Hot Sulphur Springs. Zum Schluß sind alle begeistert, weil er sich im Umgang mit den Leuten überraschend normal benommen hat, ganz herzlich ungezwungen. Als wäre er nur stehengeblieben auf einer Brücke in Colorado und hätte nur gesagt: ›Boy, what a fish!‹«

Einen Augenblick schwieg der Gentleman aus Spanish Harlem. Dann schenkte er sich den ersten Whiskey des Tages ein. »Vielleicht«, sagte er, »ist das das eigentliche Wesen der Religion: daß sich der Fromme zuerst aus der Normalität des Lebens so spektakulär entfernt, daß nachher jeder noch so kleine Schritt zurück von der staunenden Welt als Sensation gefeiert wird.«

Gott in Linz am Rhein

Es gibt im ganzen Rheinland kein schöneres Café als das kleine »Winzerhaus« am Waldesrand hoch über Linz am Rhein. Fast jeden Sonntag sitze ich dort, trinke mein Kännchen Tee zu vier Mark und weiß gar nicht, was mir am besten gefällt. Ist es der knirschende Kies unter den alten Kastanienbäumen? Ist es der wilhelminische Charme des alten Winzerhauses selbst? Ist es der »herrliche Ausblick auf Rhein, Ahr und Eifel«, den eine vergilbte Tafel am Aufgang zur Terrasse nicht zu Unrecht verspricht? Oder ist es der lyrische Gruß, mit dem der weißhaarige Wirt seine treuen Gäste willkommen heißt?

»Halt Wandrer hier
Nach Müh und Last
Als trauter Gast
Willkommne und vergnügte Rast.«

Nein, das alles ist es nicht. Was mich am Sonntagmorgen so fesselt, ist der Blick von der Terrasse des Cafés hinab auf eine zweite Terrasse etwas weiter unten in der Stadt. Nicht zu einem wilhelminischen Winzerhaus gehört jene andere Terrasse, sondern zu einem schmucken Eigenheim. Nicht mit alten Kastanienbäumen ist sie bepflanzt, sondern mit neudeutschen Kübelpflanzen. Auf dieser scheinbar so banalen Eigenheimterrasse vollzieht sich am Wochenende, wenn das Wetter schön ist, ein Spektakel wie aus einem Traum.

Hingestreckt auf einen Liegestuhl, liegt, mitten auf der Terrasse, ein Familienvater anfangs dreißig. Schlaff läßt er den Kopf nach hinten hangen, schlaffer noch hangen seine beiden Hände über die Armlehnen. So tief erschöpft liegt der kräftig gebaute Mann da, daß man ihn wohl für tot halten könnte, wenn nicht das eine Bein – und zwar immer dasselbe Bein – sich von Zeit zu Zeit leicht bewegte.

Völlig anders die Szene um den erschöpften Familienvater herum. Da ist ein kleiner Junge, der auf seinem Kinderrädchen zwischen den Pflanzenkübeln unbeschwert herumkurvt. Da ist sein kleines Schwesterchen, das sich, im Kinderstühlchen noch, fröhlich räkelt, von der Mutti liebevoll umsorgt. Nur gelegentlich steht die junge Frau auf, um ihrem hingestreckten Gatten zärtlich durchs Haar zu fahren.

Als ich dieses rheinische Familienbild von meinem Gartentisch im »Winzerhaus« herab zum ersten Mal sah, mußte ich an Jack London denken und an seine klassische Schilderung vom Überfall eines Wolfsrudels auf einen erschöpften Wanderer. Jack London beschreibt, wie der Wanderer zusammenbricht, und wie die Wölfe, die ihn zuvor mörderisch bedrohten, mit ihrem Geheul innehalten, um die reglose Beute aus der Nähe zärtlich zu beschnuppern.

Dies war, wie gesagt, mein erster Gedanke. Doch schon beim zweiten Blick hinab auf die sonntägliche Familienidylle verwarf ich ihn. Nicht nur unschicklich schien er mir, sondern auch unzutreffend. Was der amerikanische Dichter beschreibt, ist ja die überraschende Folge, das Nacheinander von Mordlust und Zärtlichkeit. Was dagegen der rheinischen Familienszene unter mir ihre innere Spannung und Kraft verlieh, war die Gleichzeitigkeit zweier völlig gegensätzlicher Eindrücke.

Einen Augenblick ließ ich den Blick über Linz am Rhein schweifen.

Mochte es nun an der sonntäglichen Stimmung liegen oder an der ungewöhnlichen Dichte religiöser Bauwerke in dieser kleinen Stadt, auf jeden Fall wanderten meine Gedanken von der Literatur zur Theologie, von Jack London zu Nikolaus von Cues. Von ihm stammt die Lehre, daß Gott dort gegenwärtig ist, wo die Gegensätze ineinanderfallen. Nicht im Lichte also, auch nicht im Dunkel ist Gott, sondern dort, wo Licht und Dunkel ineinanderfallen.

Das war es, was mich an der Familienszene auf der Terrasse unter mir so in den Bann schlug. In der artigen, unbeschwerten Munterkeit, mit der diese Familie ihren erschöpften Papi umspielte, lag eine vollkommene Gnadenlosigkeit, doch zugleich – im selben Augenblick – eine ebenso echte, ebenso vollkommene Liebe. »Coincidentia oppositorum« nennt das Nikolaus von Cues.

Lange noch saß ich unter dem alten Kastanienbaum vor dem Café »Winzerhaus«, sah unverwandt hinab nach Linz am Rhein und spürte, wie in einer kleinen, glücklichen Familie Gott selber gegenwärtig ist.

Was ist Information?

Auf Bahnhöfen und in Finanzämtern, in Banken und auf Gesundheitsämtern, überall ist der Wandel augenfällig. Über jenem wichtigsten aller Schalter, der vor kurzem noch die Inschrift »Auskunft« trug, steht jetzt »Information«.

Es komme niemand und behaupte, hier sei, ganz oberflächlich nur, ein deutsches Wort einem fremden gewichen. Das ist nicht wahr. Auch ein Engländer hat, wenn er Auskunft brauchte, nie nach »Information« Ausschau gehalten, sondern nach dem Schild »Inquiries«. Nie hat in Paris jemand um eine »information« gebeten; das Wort für »Auskunft« heißt »renseignements«. Wenn jetzt an deutschen Schaltern keine Auskunft mehr zu bekommen ist, sondern Information, dann heißt das, daß über unsere mitteleuropäische Provinz ein geistiger Umsturz hereinbricht, der anderwärts schon viel weiter vorangeschritten ist. Ich weiß das, weil ich auf dem Internationalen Mystiker-Congress in Katmandu war.

Auf dem Flug dorthin hatte ich mir diesmal einen kleinen Stop Over in Neu Delhi gebucht. Auch ein Zimmer im Hotel Ashoka war bereits für mich reserviert. Nun aber war niemand gekommen, um mich abzuholen, und der Gedanke, gleich nach dem Flug mit Air India auch noch den Existenzkampf mit einem indischen Taxichauffeur aufnehmen zu müssen, überforderte mich so, daß ich etwas unschlüssig in der großen Empfangshalle des Flughafens von Neu Delhi herumstand.

In diesem Moment fiel mein Blick auf einen kleinen, hübsch aufgemachten Stand mitten in der Halle. »Information« stand groß über einem Tisch, auf dem alle möglichen Prospekte und Broschüren ausgelegt waren. Dahinter stand ein junger Mann, der weltläufig und freundlich wirkte. Entschlossen schleppte ich mich mit beiden Koffern zu ihm hin und fragte ihn, ob es einen Hotelbus gebe oder sonst eine Möglichkeit, ohne Ärger zum Hotel Ashoka zu gelangen.

Ich hatte noch nicht zu sprechen begonnen, da fing der junge Mann schon an, ein paar Prospekte für mich zu sortieren. Jetzt hielt er verblüfft inne, lächelte gutwillig, aber geniert, deutete auf die Berge von Material und wies mit dem Finger entschuldigend auf die Inschrift über seinem Stand: »I cannot tell you anything«, sagte er, »ich kann Ihnen überhaupt keine Auskunft geben. I'm only here for information.«

Vom Wesen der Poesie

Als die drei Elche um die Ecke kamen, war es tiefe Mitternacht. Gleißend stand die Sonne am Horizont über Alaska. Vor mir eine endlose Wüste von Sandbänken, zwischen denen sich die unzähligen Arme des Yukon-Stroms im nächtlichen Sonnenschein wie Silber kräuselten. Gerade wollte ich mir, im Auto ausgestreckt, die blaue Lufthansa-Schlafmaske über die Augen ziehen, als es geschah. Die drei Elche kamen um die Ecke.

Ein schwerer Bulle war es mit mächtigem Geweih, hinter ihm her zwei kindlich junge Elchkühe. Etwa 200 Meter vor mir tauchten sie auf aus dem Gestrüpp eines kleinen Creeks, der sich hier in den Yukon ergießt, und kamen, quer über die Sandbank, auf meinen Wagen zugetanzt. Wie ein Ballett, das gerade seine Rollen lernt, sprangen die beiden Elchkühe mal ein paar Sätze nach links, dann wieder ein paar Sätze nach rechts, während der Bulle sein Geweih erst wie zum Kampfe senkte, um es dann doch wieder, als wäre gar nichts los, in die Luft zurückzuwerfen.

In meinem Leben nicht hatte ich so schwere Tiere sich so komisch fortbewegen sehen. Plötzlich sah ich den Grund: Zwischen allen Hufen der Elche sprang ein viertes Tier auf der Sandbank hin und her. Zuerst hielt ich es für einen Luchs. Durch den Feldstecher erst sah ich, daß es ein Fuchs war, der das Ballett der Elche regelrecht dirigierte.

Welch ein Fuchs! Wie ein Harlekin war er gesprenkelt, rot und gelb und grau und weiß. Mal die verschreckten Kühe scheinbar in die Waden beißend, mal dem gereizten Bullen buchstäblich vor der Nase herumtanzend, drängte der Fuchs die drei urweltlich schweren Tiere gezielt auf das Gebüsch zu, vor dem mein Wagen stand. Er tat es ohne Eile, närrisch und verspielt, zugleich jedoch so stetig, so zielbewußt, daß das Ballett der Elche erst unmittelbar vor dem Kühler meines Wagens jäh und fassungslos zum Stillstand kam.

Da saß ich hinter meiner Windschutzscheibe und starrte, von der Mitternachtssonne geblendet, in das ungeheure Geweih des Elchbullen. Da stand, vor der Windschutzscheibe, der Elchbulle und starrte, genauso entgeistert, auf meine Lufthansa-Schlafmaske, die ich mir im Schein der Mitternachtssonne modisch ins Haar zurückgesteckt hatte, recht so wie andere ihre Sonnenbrille.

Als hätte er die ganze Zeit nur gewartet auf diesen Augenblick allseitiger Verblüffung, sauste jetzt der Fuchs, pfeilschnell wie ein Schatten, zwischen den Hufen der Elche seitwärts weg ins Gebüsch. Der Elchbulle aber, plötzlich der menschlichen Gefahr bewußt, warf sich mit einem mächtigen Schrecksprung rückwärts in die Luft und jagte, so schnell ihn die Hufe trugen, durchs Geröll dem Yukon zu. Die beiden Kühe hinterher.

Gerade griff ich nach dem Feldstecher, um die Flucht der Elche durch den Strom besser zu verfolgen, als mir das Glas fast aus der Hand fiel: Unmittelbar vor mir, keine vier Meter vor meinem Wagen, kam der Fuchs wieder aus dem Busch spaziert. Gar nicht mehr so närrisch. Nicht mehr so verspielt. Ohne mich eines Blickes zu würdigen, lief er, fast businesslike, auf der Sandbank davon. Aus seiner selbstbewußt erhobenen Schnauze aber hing jammervoll ein junger Hase. Was er die ganze Zeit im Sinn gehabt hatte, es war getan.

Kaum hatte ich meine Lufthansa-Schlafmaske wieder über die Lider gezogen, so liefen mir die Augen über vor Bildern der poetischen Erinnerung. So – im Detail genau so – habe ich den Hasen aus der Schnauze des Fuchses hangen sehen in den ältesten französischen Stichen zu den Fabeln Lafontaines. So, genau so, in den ersten deutschen Zeichnungen zu Goethes »Reineke Fuchs«. In den klassischen griechischen Fabeln, in den Legenden der Indianer, überall in aller Poesie wird er so geschildert: als ein Tier, das alle andern spielerisch zum Narren hält und dabei doch beharrlich nur den eigenen Zweck verfolgt: »Reineke Fuchs«!

Immer habe ich über die kräftige Bildhaftigkeit dieser alten Fabeln gestaunt. Immer habe ich sie mir damit erklärt, daß die alten Erzähler im Umgang mit der Wirklichkeit freier waren. So frei, daß sie, dem Leser zur Erbauung, menschliche Charakterzüge frei in die Tiere hineinfabulieren konnten. Das Gegenteil ist wahr. Zu Lafontaines, zu Goethes Zeiten liefen bei uns die Füchse herum wie heute nur noch auf den Sandbänken Alaskas.

Aus sinnlicher Erfahrung stammt alle Poesie.

Weltstadt Cöln

Oft habe ich aus kölnischem Munde es gehört und in den letzten zwei, drei Jahren immer öfter: In der Kunst zumindest gebe es auf der Welt zur Zeit nur noch zwei echte Zentren: Jenseits des Atlantik heiße das Weltzentrum New York, diesseits heiße es Köln.

Es fügt sich, daß mich meine Geschäfte nicht nur nach Köln führen, sondern, alle Jahreszeiten einmal, auch nach New York. Und merkwürdig genug: Diesen Vergleich zwischen den beiden Weltstädten diesseits und jenseits des Atlantik, den ich in Köln unablässig höre, drüben in New York habe ich ihn bislang kein einziges Mal gehört. Ja, noch bedenklicher, so sehr ich auch die Ohren spitzte, im Guggenheim Museum, am Broadway, in der Fifth Avenue, nirgendwo, nicht einmal in der Bronx, habe ich jemals auch nur das Wort Cologne gehört, zu schweigen von dem Wörtlein Köln mit einem großen K. Woran das liegen mag?

Mit dieser rheinischen Sorge in meinem schweizerischen Herzen machte ich dieser Tage wieder, aus dem Plaza Hotel in New York, meinen gewohnten Abendspaziergang durch den Central Park. Aus der müßigen Laune des Augenblicks entschloß ich mich zu einem Abstecher hinüber zur Columbus Avenue. Freunde hatten mir erzählt, daß sich an dieser Straße zwar nicht der Jet-Set aus Paris, aus Rom und Tokio treffe, wohl aber die New Yorker selbst.

Es war Samstagabend an der Columbus Avenue.

In hellen Scharen wälzte sich von Restaurant zu Restaurant New Yorks flotte, moderne, trendbewußte Jugend.

Neugierig wälzte ich mich mit. Bin ich doch ein alter Anhänger von Ludwig Feuerbach und seiner These: »Der Mensch ist, was er ißt.« Und wie denn die Japaner glauben, es genüge, einem Fremden auf die Schuhe zu blicken, um ihn treffend einzuschätzen, so meine ich allen Ernstes, daß es genügt, dem Fremden beim Essen in den Mund zu schauen, um zu wissen, was er ist. Was sah ich, von Restaurant zu Restaurant durchs Fenster starrend, an der Columbus Avenue?

Im ersten Restaurant sah ich aus allen Mündern die Cannelloni quellen. Im zweiten Restaurant waren es Lasagne. Das dritte Restaurant strotzte vor Tortellini. Das vierte troff vor Fettuccine. Das fünfte war zum Brechen voll. Kein Wunder, es hatte als Today's Special einen gemischten Teller von Tortellini, Cannelloni, Fettuccine und Lasagne.

Auf der anderen Straßenseite waren es im ersten Restaurant die Lasagne, im zweiten die Fettuccine, im dritten die Cannelloni und im vierten Tortellini mit Tomatensalat. Weiter kann ich nicht berichten, denn vor dem fünften Restaurant wurde es mir schon schlecht, bevor ich durchs Fenster schauen konnte. In flottem, modernem Design verhieß der Werbespruch über der Tür: »Pizza is our passion.« Europas abgestandenste, einfallsloseste, provinziellste Küche, das ist der neueste Weltstadt-Trend an der Columbus Avenue.

Und dann die Art, wie die an der Columbus Avenue zum Essen sitzen. Wie sie ihre Beine strecken und ihre Ellenbogen schieben. Auf der Stelle erinnerte es mich an etwas. Richtig, genauso sitzt am langen Samstagnachmittag das Einkaufs-Publikum in der Kölner Mittelstraße in den Cafés des Bazar de Cologne. Keiner sich mit dem unbekannten Nächsten so launig und offen unterhaltend, wie es in Köln sonst weltstädtische Gewohnheit ist. Jeder vielmehr mit diffuser Feindseligkeit, mit ausgestreckten Beinen, Ellenbogen, den winzigen, erbärmlichen Dunstkreis verteidigend, den er aus der heimischen Provinz mitgebracht hat ins städtische Café. Dies nämlich sei gesagt zur Ehrenrettung für die Kölner: Was sich am langen Samstag so ohne alle Lebensart im Bazar de Cologne drängt, das sind die Kölner selber nicht. Das kommt aus Euskirchen, aus Olpe. Es könnte aus New York kommen. Als wären sie zum langen Samstag aus Quadrath-Ichendorf angereist, so verdötscht sitzt die New Yorker Jugend unter sich in der Columbus Avenue.

Erschüttert floh ich aus der Columbus Avenue zurück in die nächtliche Einsamkeit des Central Park. Sah hinauf zum hellen Sternenhimmel über Amerika. Und mit einem Mal fiel es mir wie Schuppen von den Augen: Es muß an New York liegen, an seiner Durchschnittlichkeit, an seiner unaussprechlichen Provinzialität, daß man dort den Namen der wahren Weltstadt Cöln niemals hört.

Höchst sonntägliche Weisheiten im Monat September

Gott ist wie eine alte Frau

Mit der leisen Schwermut herbstlicher Tage kam mir ein Gedanke. Ich wollte das Kloster wiedersehen, in dem ich in meiner wilden Jugendzeit Mönch gewesen bin. Es liegt in Wallonien, etwas südlich von Lüttich, auf halbem Weg nach Namur, schön auf den Hügeln über der Maas.

Gleich hinter Lüttich fiel mir der dichte Verkehr auf. Ich konnte ihn mir nicht erklären. Wohl ist es ein Wallfahrtskloster, doch hatte es nie großen Zulauf. Es gibt in Belgien viel größere und schönere Abteien. Warum also die vielen Autos auf der schmalen, einst so menschenleeren Landstraße?

Etwa einen Kilometer vor dem Kloster geriet ich in einen hoffnungslosen Stau. Ich ließ den Wagen am Straßenrand stehen. Durch ein dichtes Gewühl von Autos und Menschen schob ich mich zu Fuß voran.

Kurz vor dem Kloster beginnt eine Allee von alten Kastanienbäumen. Sie überschatten die Straße so tief und breit, daß man das Tor erst sieht, wenn man unmittelbar davorsteht. Mich traf der Schlag. Über der alten Klosterpforte stand in grellen Farben der Spruch: »Willkommen im Tierpark«.

Ich löste das Eintrittsbillet und geriet zuerst ins Refektorium. Hier war uns, zu den Mahlzeiten, in der alten gregorianischen Melodie die Regel des Heiligen Augustinus vorgesungen worden.

Jetzt heißt das Refektorium »Le Quick Lunch«.

Im Lautsprecher-Geplärr schoben billige junge Männer ihre Mädchen und ihre Tabletts der Selbstbedienungsschiene entlang zu den Hamburgern und zu den Cola-Dosen.

Aus dem »Quick-Lunch« geriet ich in den alten Kapitelsaal. Hier hatten wir am Gründonnerstag zur Fußwaschung den Hymnus des Heiligen Ambrosius gesungen: »Ubi caritas et amor, ibi Deus est.« Jetzt beherbergte der Saal die Schautafeln einer wissenschaftlich wirkenden Ausstellung zu dem Thema »Der Walfisch in Geschichte und Gegenwart«.

Aus dem Kapitelsaal floh ich in den Park des Klosters und suchte jene lauschige Ecke, wo ich am späten Nachmittag den Rosenkranz zu beten pflegte. Von Menschen dicht umdrängt, stand dort der Affenkäfig.

In diesem Augenblick überwältigte mich der Zorn, den Jesus empfunden hat, als er die Peitsche nahm und die Geschäftemacher aus dem Tempel trieb. Hätte ich ein Maschinengewehr gehabt, ich hätte den ganzen Tierpark totgeschossen.

Mangels Maschinengewehr suchte ich mein Heil in der religiösen Besinnung. Ich ging hinüber in die Kirche. Hier war alles unberührt. Offensichtlich war es nicht gelungen, das Gotteshaus in den Tierpark einzubeziehen. Zeitlos verstaubt wie einst, hingen hinten über dem Mönchschor die türkischen Fahnen, die Don Juan d'Austria in der Seeschlacht von Lepanto erbeutet hat. Und als sich die Sakristeitür öffnete, knarrte es wie einst.

Herein kam ein junger Mann im kurzen Hemd. Aus der Art, wie er sich bewegte, glaubte ich schließen zu dürfen, daß es ein Kaplan war, der die Wallfahrtskirche wohl nebenbei betreute. »Sagen Sie«, fragte ich ihn, »war das nicht früher ein Kloster?«

»Mais oui, mais oui«, lachte der Kaplan kindisch, »ein Kloster ja, ja, das ist es gewesen.« Noch siebzig Mönche seien es gewesen unter Pius XII. »Dann waren es auf einmal nur noch sechzig. Und dann nur noch fünfzig. Und dann nur noch vierzig. Und dann nur noch dreißig. Und dann nur noch zwanzig. Und dann nur noch zehn. Und dann kam diese Tierpark AG aus Amsterdam. Von dem Geld haben sich die letzten fünf ein Landhaus in den Ardennen gekauft.«

Ich ließ den albernen Neupriester stehen und setzte mich in die nächste Bank. Das Wort Heraklits kam mir in den Sinn, daß man kein zweites Mal in denselben Fluß steigen kann. Und doch schien mir die Weisheit des Griechen für das grausame Erlebnis zu dünn.

Als ich mich wieder aufrichtete, fiel mein Blick auf die paar alten Leute, die so verstreut, so unauffällig in der Kirche knieten, daß ich sie erst gar nicht bemerkt hatte. Vier alte Frauen waren es.

So war es schon zu meiner Zeit gewesen, genau so. Während hinter dem Altar siebzig Mönche den grandiosen Staatsakt der Katholischen Kirche sangen, die gregorianische Liturgie, knieten, achtlos in der Kirche verstreut, ein paar alte Frauen. An unserem enormen sakralen Betrieb nahmen sie damals sowenig Anteil wie jetzt an dem Lärm des Tierparks, der durch die gemalten Fenster drang.

So ist der ewige, allmächtige Gott. Er ist in der Kirche gegenwärtig wie eine alte Frau. Wenn sich ein Kloster in einen Tierpark verwandelt, grämt ihn das nicht. Es wird Gott auch gleichgültig sein, wenn aus dem Tierpark an der Maas – der neuen Welle jugendlicher Frömmigkeit entsprechend – nächstens wieder ein Kloster wird.

Von der Schönheit der Macht

Zu den erlesenen Gewohnheiten der Kölner Kurie gehört es, alle Amtseinführungen festlich zu gestalten. So bin ich Zeuge geworden, wie der Kölner Erzbischof Josef Höffner seinen neuen Bibliothekar ins Amt einführte. Es war nicht lange vor dem Tod des Kardinals.

Der Saal, die Musik, der Vortrag, das Buffet, alles an der Feier war schön. Und wie immer, wenn das rheinische Bürgertum unter sich ist, waren die Frauen reizvoll. Dutzendfach waren Gesichter zu sehen wie auf rheinischen Altären, sanft und füllig und keusch und wissend zugleich.

Aber alle hatten Augen nur für ihn.

Josef Kardinal Höffner. Anfang der sechziger Jahre hatte ich ihn das letzte Mal gesehen. Als Professor in Münster. Wie er jeden Morgen im viel zu langen, abgewetzten dunklen Regenmantel zu Fuß zu seinem Katheder strebte. »Wenn er wenigstens Bohnenkaffee trinken würde«, sagte damals seine Schwester Lenchen.

Nie hat er einen Tropfen Alkohol getrunken, nie eine einzige Zigarette geraucht, der Kleinbauernsohn aus dem Westerwald, der mit zehn ins katholische Internat mußte, der sich als Student schon jeden Groschen vom Mund abgespart hat. »Drum ist er so geworden«, seufzte seine Schwester Lenchen. Wie sein Regenmantel war er geworden, der

Professor Höffner in Münster, sauer und alt und grau.

Und jetzt? Souverän, beschwingt, mit einem amüsierten Lächeln hatte sich der greise Erzbischof von Köln unter seine Gäste gemischt. Plötzlich stand er neben mir. Körperlich war zu spüren, daß er sich mit seiner roten Bauchbinde, mit seinem roten Scheitelkäppchen unter uns, den Laien seiner Kirche, fühlte wie ein Paradiesvogel unter lauter grauen Mäusen.

Und wie er sich dazu in der Hüfte drehte, wie er den Kopf zur Seite neigte, sprach aus jeder seiner Gesten eine ganz ursprüngliche und sinnliche, eine ganz körperhafte Lust am Herrschen. Aus Münsters häßlichstem Professor war Kölns schönster Greis geworden.

Macht ist göttlich. Sie allein macht Gottes Diener schön.

Theologie der Bauwut

Nichts Schöneres weiß ich mir an einem Kölner Sonntagmorgen als den Besuch im Hohen Dom. Hoch erbaut schlendere ich dann hinüber in die Komödienstraße. In einem kleinen Café, ein paar Schritte nur vom Grab des heiligen Albertus Magnus entfernt, bestelle ich mein Frühstück mit Ei, zünde mir danach eine Pfeife an und lese in aller Ruhe die »Kirchenzeitung für das Erzbistum Köln«.

Heute morgen bin ich nicht dazu gekommen.

Ich hatte Besuch aus Frankreich. Es ist ein lieber Freund. Aber er ist ein wenig nervös. Wohl kam er mit in den Dom und auch zum Frühstück in die Komödienstraße. Aber die Kölner Kirchenzeitung schien ihn nicht so zu fesseln wie mich. Er wurde zappelig.

»Also gut«, seufzte ich und drückte meine Pfeife aus, »machen wir einen kleinen Sonntagsspaziergang durch Köln.«

Ein paar Schritte waren wir erst gegangen, als mein Gast wie angewurzelt stehen blieb: »Qu'est-ce que c'est?« Er deutete mit der Hand auf einen gewaltigen Komplex von Bauten, der, sich erstreckend vom Hohen Dom bis Sankt Maria in der Kupfergasse, die ganze Kölner Altstadt brutal zersprengt: »Was ist das?«

»C'est la WDR«, gab ich zur Antwort, »c'est la Radio-Télévision de Cologne.« Mein Freund schüttelte den Kopf: »Ich dachte, la radio-télévision de Cologne, das seien die beiden riesigen Türme der Domstadt, die wir gestern auf der Fahrt von Bonn nach Köln auf der Autobahn als erstes sahen.«

Jetzt war es an mir, den Kopf zu schütteln: »Du bringst doch alles durcheinander. Die beiden ungeheuren Türme der Domstadt, die der Fremde, von Süden kommend, als erstes sieht, das sind die ›Deutsche Welle‹ und der ›Deutschlandfunk‹. Das hier im Herzen der Altstadt aber ist der WDR. Wir haben nämlich«, fügte ich erklärend hinzu, »in Köln drei Rundfunkanstalten und somit drei kolossale Bauten.«

Vor lauter Staunen schwieg mein Gast. Dann deutete er mit der Hand erneut empor zu jenem Bürogebäude des WDR, das die Nord-Süd-Fahrt gewaltig überspannt: »Sind nicht dies die eigentlichen Kathedralen unserer Zeit? Beweisen nicht die gewaltigen Türme der Kölner Rundfunkanstalten, daß Rundfunk und Fernsehen heute soviel Macht über die Seelen haben wie einst im Mittelalter die Kirche?«

Er sagte das mit soviel Pathos, daß ich lachen mußte. »Im Gegenteil«, rief ich aus, »ganz im Gegenteil. Wenn du den Beweis dafür sehen willst, dann dreh dich um. Schau dort den Kölner Dom! Er sieht heute fast so imposant aus wie der WDR. Aber das ist noch nicht lange so. Damals im Mittelalter, als die Kirche wirklich die Kölner Seelen souverän beherrschte, sah der Kölner Dom noch ganz bescheiden aus. Gewaltig in die Höhe wuchs er erst im 19. Jahrhundert, zu einer Zeit also, als die Macht der Kirche über die Seelen galoppierend schwand.«

»Aber der Petersdom! Der Petersdom im Rom!« protestierte mein Freund. »Das gleiche«, erwiderte ich, »genau das gleiche.« Papst Innozenz III. hat im 13. Jahrhundert ganz Europa souverän beherrscht. Verglichen mit dem heutigen Vatikan war sein Palast aber nur eine unscheinbare Baracke. Als gar der Petersdom gewaltig vollendet wurde, war von der Macht Julius' II. und Leos X. kaum mehr ein Schatten übrig. So auch ist die gewaltige Bautätigkeit der Kölner Rundfunkanstalten ein sicheres Zeichen dafür, daß die Blütezeit der Massenmedien vorbei ist und ihre Macht über die Seelen im Grunde schon gebrochen.

»Unsinn!« rief mein Freund. »Denk an die großen Abteien. Die waren doch im Gegenteil ein Ausdruck für die Blüte der Orden!« Traurig schüttelte ich den Kopf: »Schau dort drüben die Hauptpost! Sie steht dort, wo das alte Kölner Dominikanerkloster stand. Eines Tages, so wird erzählt, kamen die Brüder zum Heiligen Dominikus und zeigten ihm dieersten Pläne für dieses mächtige Kloster. Auf der Stelle brach der Heilige in Tränen aus: »Um Gottes willen«, rief der Heilige Dominikus, »kaum habe ich meinen Orden gegründet, da geht es auch schon abwärts. Denn es wird gebaut.«

Einen Augenblick schwieg mein Freund. Dann blickte er bewundernd zu mir auf: »Woher weißt du das alles?« Bescheiden senkte ich den Blick: »Wenn man die Gegenwart verstehen will«, sagte ich, »dann braucht man religiöse Bildung.« Und ich nahm meinen Freund bei der Schulter: »Komm, wir gehen zurück ins Café in der Komödienstraße und lesen die Kirchenzeitung für das Erzbistum Köln.«

Wenige sind auserwählt

Auf einer Wanderung durch die Ruinen der Industrie im Tal der Maas geriet ich ein paar Kilometer südlich von Lüttich in eine Kirche. Sie trägt den Namen Notre Dame de Seraing. Ihre hohe, rußgeschwärzte Backsteinfassade ist geprägt von jenen romanischen Bögen und gotischen Spitzen, mit denen das Industriezeitalter Heiligtümer vom laufenden Band produziert hat wie Fabriken. Es gibt tausend solcher Kirchen an der Maas wie an der Ruhr. Von außen also gar nichts Besonderes.

Im Augenblick jedoch, als ich durch die linke hintere Tür ins Innere der Kirche trat, ging mir der Mund vor Staunen auf. Wie ein ausgeschabtes Gehäuse, so trostlos grau und leer wölbte sich über mir das hohe Schiff der Kirche. Vorn aber, im Chor, da wo einst der Hochaltar das Allerheiligste barg, duckte sich unter den erblindeten Farbfenstern ein kleiner, monströser Neubau. Eine Art Skihütte mitten in der Kirche war es auf den ersten Blick, blitzsauber und von postmoderner Putzigkeit. Das Dach war mit grünen Kunststoffschindeln gedeckt, das Licht fiel durch transparentes Wellplastik, und die Wände waren rundum rustikal verputzt. Und damit auch gar nichts fehle, hörte man schon von weitem die Air Condition rumpeln.

Ich traf den Pfarrer, wie er gerade mit einem alten belgischen Schraubenzieher in dem japanischen

Gebläse stocherte. Hilfreich bot ich ihm den feinen Elektronik-Schraubenzieher an, der neuerdings das schweizerische Soldatenmesser ziert. So kamen wir ins Gespräch.

Mit der Industrie, berichtete der Pfarrer, sei auch die Frömmigkeit im Tal der Maas verblüht. Die Kirche von Seraing, für mehr als tausend Gläubige gebaut, habe vor drei Jahren schon höchstens hundert noch zur Sonntagsmesse gelockt. Es gebe aber in Belgien keine Kirchensteuer. So habe er das Geld nicht mehr gehabt, das große alte Gotteshaus zu heizen, auch nicht das Geld, es abzureißen. Denn niemand kauft ein Grundstück in Seraing.

Und dann des Pfarrers große rettende Idee. Nicht abreißen, sondern bauen. Mitten in die leere alte Kirche eine kleine neue Kapelle. In modernster Leicht- und Billig-Bauweise, kurzfristig kuschelig beheizbar und – mitten in der industriellen Tristesse von Seraing – mit einem rustikalen Touch von Weekend, ja von Urlaub. Mit einem Wort »un chalet liturgique«.

In einem Punkte freilich, gestand der Pfarrer, habe er sich verkalkuliert. Wohl hundert Seelen seien, wie gesagt, vor drei Jahren noch zu seiner Messe gekommen. Deshalb sei die Kapelle auch für hundert gebaut. Inzwischen aber seien es an manchen Sonntagen nur noch vierzig. Schon sei im Pfarrgemeinderat der Vorschlag lautgeworden, links hinten in der neuen Kapelle eine faltbare Plastikwand einzuziehen und so, für bescheidenere Anlässe, eine ganz kleine, intime und familiäre Andachtsstätte abzutrennen. Was ich davon halte?

Ich wußte nicht, was sagen. Zu sehr erinnerte mich Unsere Liebe Frau von Seraing an eine russische Bauernpuppe. »Vielleicht, Herr Pfarrer«, meinte ich, »sollten Sie Ihre Kirche Sankt Matrioscha taufen.« Dann, den Augenblick der Verlegenheit nutzend, nahm ich ihm mein schweizerisches Soldatenmesser wieder aus den Fingern und steckte, prüfend, selbst den Kopf in das japanische Gebläse. Gleich hörte das Gerumpel auf.

Durch seine gespenstisch leere Kirche geleitete der Priester mich zurück zur Tür. Auf der Schwelle blieb er stehen. Er sah hinaus.

Soweit das Auge schweift, nichts als Rost, Moder und Ruinen. Die Industrie im Tal der Maas kehrt zur Natur zurück. »Das ist die Theologie des Fortschritts«, seufzte der Belgier mit einer Handbewegung der Resignation. »Le progrès n'est qu'un retour aux origines. Die Welt schreitet zu ihrem Ursprung fort.«

»Die Kirche auch, Herr Pfarrer«, antwortete ich heiter. »Je öfter Sie bauen in Ihrem Heiligtum, desto schneller kehren Sie zurück zum Urmodell. Matthäus 18. Kapitel, 20. Vers: ›Wo zwei oder drei in meinem Namen versammelt sind, da bin ich mitten unter ihnen.‹«

Höchst sonntägliche Weisheiten im Monat Oktober

Von der Lust, ein Fremder zu sein

Manchmal fragen meine deutschen Freunde mich, warum ich im Knopfloch meines Anzugs stets einen kleinen Spannungsprüfer trage. Die Antwort macht mich ein wenig verlegen. Ich habe das Spannungsprüferchen bei mir, weil ich Gastarbeiter bin. Gewiß ist es keine Schande, im Paß eine Aufenthaltserlaubnis für Deutschland zu haben und im Knopfloch ein Spannungsprüferchen. Doch weiß ich aus Erfahrung, daß es meinen deutschen Freunden schwerfällt, den Zusammenhang zu begreifen.

Ich war noch gar nicht lang in Köln, als über meinem Schreibtisch die Lampe abenteuerlich zu flackern begann. Beim Blick in den deutschen Zählerkasten war mir nicht geheuer. Besser gleich den einheimischen Fachmann kommen lassen. Und ich rief einen jener Dienste, die in deutschen Telephonbüchern als »Komme-sofort-Dienst« verzeichnet sind.

»Das werden wir sofort haben«, sagte leutselig der deutsche Meister, als er am fünften Tage kam. In jener schwungvollen Art, die den Menschen in diesem Lande eigen ist, riß er meinen Zählerkasten auf und begann, mit dem Spannungsprüferchen darin herumzustochern. Sekunden später wandte er sich mir triumphierend zu: »Da haben wir es schon. Ihr Zählerkasten ist tot.« Er deutete zum Fenster hinaus: »Die ganze Straße muß aufgerissen werden.«

Und mit einer weitausladenden Gebärde kündete der Deutsche mir gewaltige Erdbewegungen an.

Im Unterschied zur deutschen Lebensart ist die schweizerische darauf ausgerichtet, gewaltige Erdbewegungen zu vermeiden. »Vielleicht«, sagte ich zu dem deutschen Meister so schonungsvoll als möglich, »vielleicht ist nur Ihr Spannungsprüferchen kaputt. Hier, nehmen Sie das meine.«

Nie werde ich sein Gesicht vergessen. Im Augenblick nämlich, als mein schweizerisches Lichtlein, wie zu erwarten, hell erstrahlte, verfinsterte sich das Gesicht des Deutschen in unaussprechlichem Grimm.

Wir sind jetzt ganz nahe an der brennenden Frage, warum so viele Ausländer unbedingt nach Deutschland wollen. Sind das alles Wirtschaftsasylanten? Ich kann nur für mich selber sprechen. Mit meinem Spannungsprüferchen bin ich nach Deutschland gekommen, weil es in Deutschland wahnsinnig spannend ist. Wohlgemerkt, spannend für uns Ausländer, nicht für die Deutschen selbst.

Wenn ich zum Beispiel meinen deutschen Freunden das Erlebnis mit dem Kölner »Komme-sofort-Dienst« erzähle, zucken sie nur gelangweilt die Schulter. Daß nämlich einer, weil sein Spannungsprüferchen kaputt ist, gleich die ganze Straße aufreißen will, ist für sie nichts als grauer, banaler deutscher Alltag, von Kindesbeinen auf tausendfach erlebt. Ganz anders für mich, den Gastarbeiter. Für mich ist das ein multikulturelles Aha-Erlebnis.

Die Deutschen sind ein großes Volk, wir Schweizer sind ein kleines. Der Große ist großzügig, der Kleine ist kleinlich. Weil der Sinn der Deutschen von morgens bis abends ins Große geht, übersehen sie leider von morgens bis abends das kleine, entscheidende Detail.

Sie waren doch sicher auch schon mal in Kenia im Urlaub. Ist es Ihnen aufgefallen, daß der schwarze Hotelboy gerade dann gelangweilt zum Himmel starrte, wenn Sie vor Aufregung fast in die Luft gingen? Was für ihn nur spannungsloser Alltag war, das war für Sie der faszinierende Einblick in die exotische Lebenswirklichkeit eines rätselhaft fremden Volkes.

Als Ausländer in Deutschland bin ich 365 Tage im Urlaub. Und was das schönste ist, ich brauche dafür nicht zu bezahlen wie Sie in Kenia. Im Gegenteil, die Deutschen bezahlen mich.

Das, liebe Ausländer, ist der Grund, warum der Haß auf uns so zugenommen hat. Gerade jene Männer hassen ja die Frauen, die im Grunde ihres Herzens liebend gern selbst Frau sein möchten. So auch verzehren sich die Deutschen vor Eifersucht, weil sie es uns Ausländern nicht gönnen mögen, in Deutschland zu leben und somit das ganze Jahr, spannenderweise, nichts als Ausländer um uns zu haben.

Die verlogenste Form der Aggression aber ist das Mitleid. Neuerdings bin ich ganz eingekesselt von Deutschen, die mich als verfolgte Minderheit verstehen wollen, die mir helfen wollen, mich zu integrieren, die mir gar das Wahlrecht aufdrängen wollen.

Merci vielmals. Ich bin doch eigens aus der Schweiz weggelaufen, weil ich dort zu gut integriert war, weil ich dort alle paar Wochen wählen gehen mußte. Weil die Geborgenheit der Heimat mir weniger bedeutet als die Lust, ein Fremder zu sein.

Wenn nur die kleinen, praktischen Details des Lebens in Deutschland nicht so im argen lägen. Wenn es um die Hygiene ein bißchen besser stünde, um die Arbeitsmoral. Wenn die Stromversorgung ein bißchen besser klappen würde. Aber bin ich nach Deutschland gekommen, um zu meckern? Im Gegenteil. Statt meine Klappe sinnlos aufzureißen, halte ich – als erste Hilfe zur Selbsthilfe – im Knopfloch stets mein schweizerisches Spannungsprüferchen bereit.

Goethe in mir selbst

Das Verrückte in Weimar ist die Treppe: die große Treppe in Goethes Haus.

Fünfzig Jahre lang hat Goethe in dem Haus am Frauenplan gewohnt. Wer durch die Tür tritt, erwartet jene bürgerliche deutsche Lebensart, wie Goethe selber sie in »Hermann und Dorothea« beschrieben hat.

Und dann die ungeheure Überraschung. Nicht etwa *davor*, sondern im Hause *drin* eine Treppe so enorm, daß sie alle Maße des Gebäudes sprengt. Eine Treppe so feudal, so prunkvoll, daß, wären nicht die Stufen, eine fürstliche Karosse hochgaloppieren könnte in den ersten Stock. Dort oben dann eine noch größere Überraschung: eine Flucht von ganz gewöhnlichen kleinen Zimmern, die aber leergeräumt sind von allen Möbeln bürgerlicher Alltäglichkeit und dafür, wie ein Museum, vollgestellt mit antiken Büsten, mit Statuen, die in die bescheidenen Kammern so wenig hineinpassen wie die Treppe in das Haus. Fassungslos stand ich, in einem winzigen Zimmerlein, vor einem ungeheuren klassischen Kopf der Juno.

»Hier müßten doch jetzt eigentlich«, sagte ich zu der Aufseherin, »Goethes eigene Möbel stehen. Wo sind sie, und wer hat diesen klassischen Plunder hier hereingestellt?«

»Diesen klassischen Plunder«, antwortete die Aufseherin mit einem Anflug von sozialistischer

Strenge, »diesen klassischen Plunder hat Goethe selber hier hereingestellt.«

Das war nach seiner Italienischen Reise. Nicht mehr zufrieden mit der häuslichen deutschen Normalität, ließ er im vorderen Teil des Hauses eine Reihe von Wänden herausreißen und eine monumentale Treppe einbauen, als wäre er Herr über einen klassischen italienischen Renaissance-Palast. Die wenigen Zimmer, die oben noch blieben, räumte er leer für klassische Monumente. Riesengroß, wie ein Kuckuck im Spatzennest, steht jetzt der weiße Kopf der Juno in der kleinen deutschen Kammer.

»Aber«, warf ich etwas hilflos ein, »hier kann ein Mensch doch gar nicht wohnen.« – »Hier hat Goethe ja dann auch gar nicht mehr gewohnt«, wies mich die Aufseherin zurecht. »Gewohnt hat er im hinteren Teil des Hauses.«

Dort das schiere Gegenteil. Zuerst die Kammern von Goethes Frau Christiane Vulpius, gemütlich und geschmackvoll zugleich. Dann Goethes Schreibstube, etwas größer und karger, aber doch ein gewöhnliches deutsches Büro jener Zeit, ohne jeden klassischen Aufwand. Und dann die winzige Kammer, in der Goethe gestorben ist: kein griechischer Gips, keine römische Bronze. An der Wand eine wissenschaftliche Tabelle. In englischer Sprache. Sonst nichts. Durch das kleine Fenster geht der Blick hinaus in einen Gemüsegarten. Dahinter die Küche. Die Welt, wo Frau Goethe, wo Christiane Vulpius Mensch sein durfte. Sie, die mit der großen klassischen Gebärde ihres Mannes ein Leben lang nichts anzufangen wußte.

Als Schüler ist es mir mit Goethe gegangen wie seiner eigenen Frau. Das monumentale Gewölbe der Weimarer Klassik blieb mir fremd. Ich konnte mit Goethe nichts anfangen. Ich hatte deshalb ein schlechtes Gewissen. Ich gab mir die größte Mühe. Aber was half's. Goethes große klassische Gebärde paßte nicht in meine kleine solothurnische Welt.

Jetzt fühle ich mich plötzlich in guter Gesellschaft. Zwischen jener hinteren Hälfte des Hauses in Weimar, wo Goethe selbst gewohnt hat, und jener vorderen Hälfte, die er umgebaut hat zur klassischen Attrappe, ist der Stilbruch so radikal, daß sich ein Verdacht aufdrängt: Wie, wenn Goethe selbst der erste gewesen wäre, der, wie du und ich und seine Frau, mit Goethes Klassik nichts anzufangen wußte?

Die Reise nach Braunau

Urteile zu fällen über andere Menschen, hat Max Weber gesagt, ist sinnlos, solange nicht dem Willen zu urteilen die Fähigkeit vorausgeht zu verstehen. »Verstehen« aber heißt nach Weber, sich in einen anderen Menschen so hineinversetzen, als wären seine Leidenschaften, seine Taten, meine eigenen.

Das ist der Grund, warum es mich lange bedrückt hat, daß ich Adolf Hitler nicht verstehen konnte. Was nützt es, den Führer als böse zu verdammen, wie das die Deutschen post cladem tun. Einen Menschen verdammen, ohne ihn zu verstehen, ist, theologisch gesprochen, ein peccatum intellectus, ein Sündenfall des Verstandes.

Um es besser zu machen als die Deutschen, wandte ich mich zuerst an einen Verlag, der seinen Sitz im Fürstentum Liechtenstein hat und sich »Postfach 121« nennt. Gegen Vorauszahlung in Schweizer Franken bekam ich ein dickes Paket voll Langspiel-Platten: »Adolf Hitler spricht. Ein Beitrag zur staatspolitischen Aufklärung.«

Des Abends saß ich jetzt im Musikzimmer und hörte, statt Flötenmusik von Frescobaldi, Hitlers Rede zur Machtübernahme. Statt Couperins Königlichen Konzerten hörte ich Hitlers Rede im Bürgerbräu. Aber schon bei Hitlers Rede zum Einmarsch in Prag, lange vor dem 2. Weltkrieg, schaltete ich das Grammophon in heller Verzweiflung ab.

Unbegreiflich, unverständlich bleibt mir, wie ein Mensch, ein Österreicher gar, die deutsche Sprache so drohend und zugleich so gehetzt aus sich herauspressen kann. Als sei die Gemütskrankheit zum politischen Prinzip erhoben worden, so klingt Hitlers Stimme mir im Ohr.

Den zweiten Versuch wagte ich in Paris. In einem jener winzigen Buchläden an der Seine, die von faschistischer Nostalgie strotzen, kaufte ich »Mein Kampf«. Als ich zurückkam ins Hotel Turenne, war mir eiskalt. Das Thermometer zeigte unterm Arm 40 Grad. Mit Adolf Hitlers Buch legte ich mich fiebernd ins Bett.

Als die Patronne heraufkam, um mir zum Einschlafen einen Kamillentee zu bringen, fuhr sie an der Tür entsetzt zurück. Auf dem nackten Boden lag ich und wälzte mich vor Lachen.

Losgelöst von der gewalttätigen Stimme, auf dem toten Papier, wirken Hitlers Gedankengänge meisterhaft komisch. Das liegt daran, daß er sehr wohl ein Meister unserer Sprache war. Neben manchen Vorzügen hat das Deutsche ja auch ein paar fatale Eigenschaften. Wir sprechen fahrig, weitmaschig und ungeformt, vor allen Dingen neigen wir, vorgeprägt durch unsere Sprache, zu einer Sorte Tiefsinn, die gleichbedeutend ist mit Unsinn. Alle diese Fatalitäten der deutschen Sprache hat der Führer meisterhaft beherrscht.

Einen Menschen verlachen heißt nicht ihn verstehen. Aus Paris heimgekehrt nach Solothurn, in die Schweiz, entschloß ich mich zu einem dritten Versuch.

Es ist erstaunlich, wie weit im Osten Braunau liegt. Von Solothurn an der Aare nach Braunau am Inn ist das im Auto eine Tagesfahrt. Über Memmingen, München und Altötting kam ich am späten Nachmittag an der Brücke nach Braunau an.

»Was will denn ein Schweizer in Braunau?« fragte gönnerhaft der deutsche Grenzbeamte. »Ich möchte mir«, antwortete ich wahrheitsgemäß, »Hitlers Geburtshaus ansehen.« – »Soso«, erwiderte der Deutsche, »dann muß ich Sie bitten, einen Augenblick zu warten.« Und er verschwand mit meinem Paß.

Abertausendmal bin ich über die deutsche Grenze gefahren. Jetzt bekam ich zum ersten Mal einen deutschen Stempel in meinen schweizerischen Paß. Es handelt sich um ein großes, mit sechs Ecken eingerahmtes A. »Ah, ah«, sagte der österreichische Grenzer auf der andern Seite der Brücke, »A wie Adolf, aha.« Und er wies mir lachend den Weg zu dem Haus.

Selten hat mir ein Haus so auf den ersten Blick gefallen wie Adolf Hitlers Geburtshaus. So, genauso ursprünglich, zeitlos und echt sehen auch bei uns zu Hause in Solothurn die alten Bürgerhäuser aus. Wie bei uns in Solothurn sind auch hier die mächtigen Außenmauern zum Schutz gegen Erdbeben nach außen etwas gespreizt. Wie manches Jahrhundert das alte Haus in Braunau wohl unerschüttert überstanden hat? Man sieht ihm an, daß sich seit 1945 niemand mehr getraut hat, einen Pinsel anzulegen. Das alte Rot der Fassade wirkt um so tiefer, um so ursprünglicher.

Darum herum eine Stadt, in der alle Maße stimmen. Braunau ist viel kleiner als das nahe Passau. Um so schöner ist das Gesamtbild erhalten. So schön wie Solothurn über der Aare liegt Braunau über dem Inn: ein Denkmal völlig intakter alpenländischer Tradition.

Und darum herum, wie bei uns in Solothurn, eine völlig intakte Umwelt. Auf den alten Terrassen über dem Inn, auf dem alten Platzerl vor Hitlers Geburtshaus nichts als das heile Grün kraftstrotzender Bäume.

Vor allem die zwischenmenschlichen Beziehungen sind in Braunau noch intakt. Nicht einen einzigen seelenlosen Supermarkt habe ich gesehen. Das Städtchen ist voll von traulichen Tante-Emma-Lädchen, in denen niemand hetzt, in denen alle herzlich und gemütlich miteinander verweilen. Die Mädchen in Braunau sind schön, und sie lachen gern.

Die Abendsonne lag golden über Braunau, als ich zurückfuhr über den Inn. Der deutsche Beamte wollte das verdächtige A in meinem Paß gar nicht sehen. Achtlos winkte er mich vorbei. Und auch ich achtete seiner kaum. Zu sehr war ich mit meinen eigenen Gedanken beschäftigt, zu tief erschüttert und erregt. Was los war mit Adolf Hitler und wie er zum Massenmörder werden konnte, ich konnte es jetzt nachfühlen. Ich hatte es verstanden.

Der Führer stammt, genau wie ich, aus völlig intakten Verhältnissen.

Die Freundlichkeit von Gotha

Und dann war die Russin dran. Es war eine kräftige, etwas knochige, dabei keineswegs plump oder bäurisch wirkende Frau mit einem blonden, vielleicht acht Jahre alten Jungen. So stand sie vor mir und sagte so gebrochen, daß ich es erst beim zweiten Mal verstand: »Vier Bananen bitte.«

Das war auf dem Marktplatz von Gotha in Thüringen. Ein Kölner Gemüsehändler, mit dem ich befreundet bin, hatte mich mitgenommen in die DDR. An seinem Obststand vor dem alten Rathaus von Gotha half ich seit sieben Uhr früh beim Verkauf. Nun war es drei Uhr nachmittags, vor lauter Pfirsichen und Bananen, Tomaten und Gurken wußte ich nicht mehr, wo mir der Kopf stand. »Darf es noch etwas sein?« fragte ich achtlos und warf die vier Bananen auf die Waage.

Die Russin zögerte. Sie sagte etwas und stockte. Hilflos deutete sie auf die Kiste mit den Kiwis. Ihr ganzes Gesicht war ein verlegenes, um Verständnis bittendes Lächeln.

Sie war die einzige, die lächelte. Links und rechts und hinter ihr standen etwa vierzig DDR-Deutsche, die darauf warteten, nach ihr bedient zu werden. Lauter Leute, deren Geduld und Freundlichkeit ich schätzen gelernt hatte. Wenn ich zum Beispiel etwas besorgen mußte, konnte ich meinen Obststand mit der wartenden Schlange davor ruhig fünf Minuten stehen lassen. Kam ich zurück, so waren alle noch da. Genauso geduldig, genauso freundlich.

Jetzt war die Freundlichkeit zu Ende. In wortloser, feindseliger Ungeduld starrten alle auf die Russin. Mir selber kam es vor, als halte ich die Leute auf, indem ich diese Frau überhaupt bediente. Rasch legte ich vier Kiwis zu den vier Bananen und stellte dazu die Frage, die ich – es war 1990 – seit sieben Uhr früh jedem Kunden gestellt hatte: »Möchten Sie in West-Mark bezahlen oder in Ost-Mark?«

Die Frage war überflüssig, die Russin konnte nichts anderes haben als Ost-Mark. Aber das war es nicht. Schlimm war, daß die Frau meine Frage nicht verstand. Hilflos blickte sie um sich. Sie sah in vierzig deutsche Gesichter voll feindseliger Ungeduld.

Aber gottseidank hatte sie ihren Jungen bei sich. Der konnte wohl besser deutsch. Lebhaft redete er russisch auf seine Mutter ein. Jetzt glaubte sie verstanden zu haben. Helle Panik flackerte auf in ihren Augen. »Keine West-Mark«, sagte die Russin und, als sei sie beim Diebstahl ertappt worden, stellte sie die Tüte mit den vier Bananen und den vier Kiwis zurück auf den Tisch.

Ich hatte die größte Mühe, der Frau verständlich zu machen, daß sie in Ost-Mark bezahlen könne. Endlich gab sie mir einen kleinen braunen Schein, zehn Mark der Deutschen Demokratischen Republik. Ich gab ihr ein paar Blechmünzen zurück. Hastig drehte sie sich weg. Vierzig Deutsche rückten wortlos, ungeduldig nach.

Ein paar Minuten mochten vergangen sein, als

mein Blick zufällig auf die Lücke zwischen den Bananen-Schachteln und den Kiwi-Kisten fiel. O Gott, da lag die Tüte. In ihrer Beschämung, in ihrer panischen Angst hatte die Russin das bezahlte Obst liegen lassen.

Ich hielt die Tüte in die Luft. »Die Russin«, rief ich über den Marktplatz von Gotha, »hat jemand gesehen, wo die Russin hingegangen ist?« Ich sah in lauter deutsche Gesichter. Sie starrten mich alle gleich wortlos, gleich feindselig an. Daß einer aus dem Westen sich Sorgen machen konnte um den Schaden, den eine Russin erlitten hatte, schien keiner zu verstehen.

Das war um drei Uhr nachmittags. Bis sieben Uhr habe ich dann weiter meine Pfirsiche und meine Melonen verkauft. Aber meine Gedanken waren anderswo. Sie gingen sehr weit zurück.

Zürich 1945: Ich war ein kleiner schweizerischer Bub, gleich blond und genauso alt wie eben der kleine Russe. Mit meiner Mutter ging ich einkaufen. Und es war von Geschäft zu Geschäft die gleiche heimliche Angst, die gleiche Scham, die gleiche hilflose Verlegenheit. Denn meine Mutter war eine Deutsche.

Noch gab es keine Selbstbedienung. Beim Bäkker, beim Milchmann, beim Metzger, überall mußte man sagen, was man wollte. Meine Mutter machte so kurze Sätze als möglich. Sie sprach so leise als möglich. Damit man nicht merkte, daß sie eine Deutsche war. Und wehe, wenn sie nicht sofort wußte, was sie wollte, wenn sie gar Umstände machte. Dann sahen wir, meine deutsche Mutter und ich, in lauter schweizerische Gesichter voll wortloser, feindseliger Ungeduld.

Das war Zürich 1945. Wie gerne hätte ich im Juni 1990 an einer Russin in Gotha wiedergutgemacht, was damals die schweizerische Gehässigkeit meiner deutschen Mutter angetan hat. Wie gerne hätte ich, zu den bezahlten Bananen und den bezahlten Kiwis, noch ein paar Aprikosen gratis in die Tüte gesteckt. Bis abends um halb acht, als wir todmüde unseren Stand abbauten, habe ich die liegengelassene Tüte sorgsam neben der Kasse aufbewahrt.

Die Russin ist nicht wiedergekommen. Auch ihren Jungen zu schicken hat sie sich nicht mehr getraut.

Und ewig bleibt die DDR

Noch sehe ich den Volkspolizisten vor mir. So argwöhnisch war der Blick, den er mir schenkte, als ich mit einem großen Frottee-Handtuch unterm Arm um das historische Rathaus von Köpenick bog. Aber warum sollte er mich verhaften? Auch in der Deutschen Demokratischen Republik war es nicht verboten, mit einem Handtuch unterm Arm ums Rathaus zu laufen.

Es waren Freunde in Ostberlin gewesen, die mir die Sauna von Köpenick heiß empfohlen hatten. Sie habe Weltniveau und sei so schön, daß dort die ganze Parteiprominenz schwitzen gehe. Wenn ich Glück habe, könne ich dort vielleicht sogar Erich Honecker erleben. Nackt, wie Karl Marx ihn schuf.

Nach einer Stunde Schlangestehen war ich dran: »Einmal Sauna bitte!« Die Kassiererin musterte mich belustigt: »Das ist hier die Schlange fürs Schwimmbad. Für die Sauna hätten Sie gleich durchgehen können. Wußten Sie das nicht? Dort der Gang hinunter!«

Rasch in den Schwitzkasten! Ein halbes Dutzend Herren meines Alters saßen schon drin. Ein Blick in die Runde: Nein, es waren keine schlechten Gesichter. Wohl aber waren es Gesichter von äußerstem Ernst. Spaß verstand von denen keiner. Und keiner sagte ein einziges Wort.

Im Ruheraum drei Reihen von medizinischen

Liegen. Für jeden Gast ein weißes Linnen. Einer nach dem andern wickelten sich die Funktionäre in so ein Tuch und schliefen ein. Wie Mumien. Ich hängte mein Handtuch über den Heizkörper, nahm mir ein Laken, wickelte mich ebenfalls auf so eine Liege und schlief ebenfalls ein wie eine Mumie.

Das Erwachen war jäh. Vor meiner Liege stand eine junge Frau im weißen Kittel. Ihre Stimme klang barsch: »Gehört das Handtuch da drüben auf dem Heizkörper Ihnen?« Und als ich nickte: »Dann nehmen Sie es gefälligst weg. Was meinen Sie, wenn das jeder so machen würde?«

Ich weiß nicht, ob es die Sauna von Köpenick noch gibt. Ich hatte sie auch längst vergessen, als ich kürzlich, nach einem anstrengenden Tag in Zürich, zurückkehrte in mein Hotel. Es ist jenes äußerst gediegene Haus am Waldrand, in dem abzusteigen sich vor allem deshalb lohnt, weil es eine besonders schöne Sauna hat.

Rasch hinein in den Schwitzkasten! Ein halbes Dutzend Herren meines Alters saßen schon drin. Ein Blick in die Runde: Nein, es waren keine schlechten Gesichter. Wohl aber waren es Gesichter von äußerstem Ernst. Spaß verstand von denen keiner. Und keiner sagte ein einziges Wort.

Auch draußen, in der wunderschön mit exotischen Pflanzen umhegten Sitzecke, war keiner, der mit mir reden mochte. In meiner Langenweile griff ich zur »Zeit«. Doch das besserte meine Laune nicht. Nicht etwa, weil es so schwer ist, in einem Saunastuhl liegend, die »Zeit« ausgebreitet in Händen zu halten. Was mich, wie immer, ärgerte, war der Artikel von Marion Gräfin Dönhoff. Wie oft hat sie das eigentlich schon erzählt, daß es das »geistige Preußen« zu bewahren gelte?

Verzweifelt suchte ich mir vorzustellen, was, analog zum »geistigen Preußen«, die »geistige Schweiz« sein könnte. Unvorstellbar. Es gibt keine geistige Schweiz ohne materielle Schweiz. All das Gerede vom »geistigen Preußen«, mag es daherkommen auf der hohen Ebene intellektueller Reflexion und politischer Moral, ist nichts als fauler Trost für jene, die nicht verwinden können, daß es Preußen nicht mehr gibt. Gottseidank nicht mehr.

Mit diesem Gedanken legte ich die »Zeit« weg und tat, was die anderen Saunagäste vor mir getan hatten: Ich wickelte mich ein in mein großes weißes Liegetuch. Wie eine Mumie kam ich mir vor. Woran es mich erinnerte? Das kam mir nicht mehr in den Sinn. Allzu rasch schlief ich ein.

Das Erwachen war jäh. Vor meiner Liege, streng auf mich herabblickend, stand der Saunawart. Er deutete auf das Handtuch, das ich zum Trocknen über den Heizkörper gehängt hatte: »Säged Sie, ghört das Tüechli Ihne?« Und als ich nickte: »Dänn nähmed Sie gfelligscht das Tüechli wieder wägg. Was meined Sie, wänn das jede so mache würd?«

An Schuldgefühlen liegt es nicht, daß ich seither keine Sauna mehr besucht habe. Aber ich leide an einem unheimlichen Albtraum. Irgendwann und irgendwo werde ich im Ruheraum einer schweizerischen Sauna jäh erwachen. Und zu meinen Seiten, links und rechts, eingewickelt in zwei weiße Linnen, werden zwei Mumien liegen: zu meiner Linken Erich Honecker und zu meiner Rechten Marion Gräfin Dönhoff.

Denn ohne Grenzen ist das geistige Preußen. Und unvergänglich ist die geistige DDR.

Höchst sonntägliche Weisheiten im Monat November

Theologie des Schrotthaufens

Schrotthändler sei er von Beruf, sagt mein Nachbar Bruno. Doch das ist ein kölnisches Understatement. Lebte er in einer anderen Stadt, er würde sich Antiquitätenhändler nennen. Da er aber Kölner ist, nennt Bruno seinen Trödel Schrott.

So wertvoll ist auf jeden Fall Brunos Schrott, daß er es nicht nötig hat, mit seinen Kostbarkeiten über die Flohmärkte zu ziehen. Doch es ginge ihm auch wider die Natur, sich damit in einen Laden einzuschließen. Unbekümmert um das Wetter, schichtet Bruno seine Antiquitäten auf dem Hof zusammen zu einem etwa drei bis vier Meter hohen Kegel. Rund um den Kegel trotten die vier Gänse, die er sich eigens hält, um den antiken Plunder zu bewachen. Und hinter den Gänsen her die Kundschaft. Es sind alles Kenner. Manche kommen von weit her. Doch es liegt in Brunos Art, daß er so tut, als nehme er die Besucher gar nicht wahr.

Um so mehr hat es mich überrascht, als Bruno dieser Tage quer über den Hof auf mich zukam. Ein paar Schritte nur vor der Trödelpyramide setzte er sich neben mich. Er sah mich von der Seite an. »Was ich die ganze Zeit schon sagen wollte«, begann er behutsam: »Du hast dir doch nun eigentlich alles schon geholt. Du hast die antike Schreibmaschine, die im holzgeleimten Reisekoffer. Das kostbare Nazi-Lexikon von 1936 hast du auch. Du hast den scharlachroten Morgenrock im Jugendstil. Alles hast du. Ich verstehe nicht recht, warum du stundenlang, ja manchmal überhaupt den ganzen Tag auf meinem Schrottplatz sitzest. Hast du«, seine Stimme klang besorgt, »sag, hast du eigentlich nichts Gescheiteres zu tun?«

Nachdenklich sah ich Bruno ins Gesicht. Sollte ich es ihm sagen? Die Menschen verstehen oft mehr, als man ihnen zutraut. »Bruno«, sagte ich leise, »mich interessiert dein Schrotthaufen aus religiösen Gründen.«

Wortlos stand Bruno auf und ging auf seine Trödelpyramide zu. Vorsichtig, so, daß nicht der ganze hochaufgeschichtete Krempel in sich zusammenbrach, zog er einen schwarzen Stuhl heraus; er war aus erlesenem Kirschbaumholz. Den stellte er vor mich hin und setzte sich rittlings darauf. »Konrad«, sagte er besorgt, »ich höre.«

»Bruno«, sagte ich so einfühlsam als möglich, »erinnerst du dich, wie das war, damals, in unserer Jugend, mit der Religion?«

Sie war ein Monument. Aus Macht und aus Moral, aus Sinn und Schönheit tausendfach gefügt. Und alles fügte sich perfekt zusammen. Ein ungeheures Monument. Das war die Religion. Ja, das ist sie gewesen.

Was bleibt, ist ein Trümmerhaufen, vor dem gerade jene Mehrheit banaler Seelen, die einst der Religion abergläubisch verfallen waren, vorbeizieht mit dem hämischen Grinsen überlegener Vulgarität.

Nicht so der Kenner. Nicht so der Weise. Daran

ist der Weise zu erkennen, daß er in den Stunden seiner Muße neugierig forschend um den Haufen alter religiöser Dinge streicht. Nicht daß die heilige Trödelpyramide im ganzen besonders schön wäre oder gar, als ganzes, erhaltenswert. Und doch stecken darin, achtlos weggeworfen, einige der kostbarsten Schätze der Menschheit.

Bruno schwieg, von dem Vergleich sichtlich überwältigt. »Es ist das erste Mal«, sagte er nachdenklich, »daß ich als Schrotthändler mit dem Papst verglichen werde.«

Der Augenblick schien mir günstig für eine kleine Bemerkung, die mir schon lange auf dem Herzen liegt. Es ist nicht alles auf Brunos Hof so aufgeräumt, wie ich mir das als Nachbar wünsche. Und die Trödelpyramide steht bedenklich schief. »Bruno«, sagte ich schonungsvoll, »du solltest dir in allen Dingen den Heiligen Vater zum Vorbild nehmen. Der hält sein Antiquitätenlager mustergültig in Ordnung.«

Des Unglaubens liebstes Kind

Geheilt! Vom Ischias geheilt! Nach zwanzig Jahren Ischias wunderbar geheilt! Wie es dem Kölner Wunderheiler Edgar L. gelang, ganz sachte nur an meinen Zehen zupfend den Ischiasteufel auszutreiben aus meinem Kreuz, das will ich nicht versuchen zu erklären. »Quod habet causam simpliciter et omnibus obscuram«, die Unerklärbarkeit, sagt Thomas von Aquin, ist des Wunders eigentliches Wesen. Nicht der Erklärung also bedarf das echte Wunder, sondern im Gegenteil der Anerkennung. Und ich griff zum Telephon.

0033 62 947226. Wie jeder gute Katholik kannte ich die Nummer auswendig. Und doch klopfte mir das Herz zum Zerspringen, als ich sie nun zum ersten Mal selber wählte. 0033 62 947226, das ist das Bureau Médical in Lourdes, wo Wunder aus aller Welt kirchlich anerkannt und somit erst eigentlich zu echten Wundern werden. Kein Wunder, daß ich stundenlang, tagelang vergeblich wählte. 0033 62 947226 war pausenlos besetzt.

Und dann, schon gar nicht mehr erhofft, der jähe Rätselruf, mit dem jedes französische Telephongespräch spannungsreich beginnt und schon im ersten Augenblick zu scheitern droht. »Allô! Allô!« klang es engelgleich aus Lourdes. »Ma soeur«, antwortete ich geistesgegenwärtig, »Schwester, j'ai été guéri miraculeusement, und nun möchte ich, daß Sie mein

Wunder anerkennen und ...« Weiter kam ich nicht. »Ne quittez pas«, klang es hell und froh aus Lourdes, »bleiben Sie am Apparat, ich verbinde.« Und dann mit einem Mal, wie aus dem ewigen Schweigen der unendlichen Räume, aus Lourdes eine ganz väterliche und doch zugleich ganz ernste Stimme: »Monsieur, j'écoute. Ich höre.«

In diesem Augenblick verlor ich ein bißchen den Kopf. Von meinem Kreuz begann ich wirr zu stammeln, von Edgar L. und von meinen Zehen und ... Weiter kam ich nicht. »Qui est Edgar L.?« unterbrach mich ernst und streng die Stimme der Kirche. »Wer ist Edgar L.?«

Wie immer, wenn ich aus dem Häuschen bin, sagte ich unbedacht die Wahrheit: »Edgar L. ist ein Freund von Eugen Drewermann und ...« Weiter kam ich nicht. »Qui est Eugen Drewermann?« fragte ernst und streng die Stimme aus Lourdes. »Monseigneur«, antwortete ich entgeistert, »das müßten Sie doch wissen. Eugen Drewermann ist der größte lebende katholische Theologe und ...«

»Ah bon«, unterbrach mich voll unergründlicher Welterfahrung die Stimme aus Lourdes. »Ah bon, si c'est ça! Wenn das so ist, Monsieur, dann hat Ihr Wunder nicht die geringste Aussicht, anerkannt zu werden.«

Er habe zwar keine Ahnung, wer Eugen Drewermann sei, fuhr Monseigneur etwas freundlicher fort. Aber soviel wisse er bestimmt: Kirchliche Beziehungen, theologische Freundschaften gar spielten heute für die Anerkennung von Wundern in Lourdes nicht mehr die geringste Rolle. Im Gegenteil, seit dem 2. Vatikanischen Konzil sei nichts in Lourdes so geschätzt wie das kritische Urteil ungläubiger, ja atheistischer Experten.

Mon Dieu! Die Ungläubigen als kritische Experten für Wunder in Lourdes. Mon Dieu!

Was gibt es Unkritischeres als einen Ungläubigen. Was gibt es Leichtgläubigeres. Wie einst im Mittelalter die Gläubigen, so abergläubisch sind heute die Ungläubigen. Auf jeden Scharlatan und jeden Schwindler, auf jeden Untergangspropheten, jeden Stühlerücker, auf jedes Pendel, jedes Horoskop und jedes Totenbuch, auf jeden Bhagwan, jeden Nostradamus fallen die Ungläubigen gläubig herein. Des neuen Aberglaubens liebstes Kind aber ist das Wunder.

Mon Dieu! In jäher Selbsterkenntnis ließ ich den Hörer fallen. Zupfte entgeistert an meinen Zehen. Tastete dann, mit unendlicher Vorsicht, nach meinem Kreuz.

Und atmete schamerfüllt auf. Es ist noch einmal alles ganz katholisch ausgegangen. Das Wunder war ein Schwindel, aber die Heilung ist echt.

Vorbei in alle Ewigkeit

Das Haus an der Oberbibergerstraße in Harlaching ist ein Reihenhaus wie irgendeines. Doch die Geschichte, die mir ein alter Münchner dort, auf seinem Sofa sitzend, erzählte, ist ungeheuerlich: Acht Jahre lang, von 1937 bis 1945, war dieser Mann im Konzentrationslager Dachau »Stacheldrahtwart«.

Nach Dachau gekommen, so erzählte er mir, war er als politischer Gefangener, und die schauderhafte Aufgabe, den Stacheldraht rund um das Konzentrationslager zu warten, war ihm zugeteilt worden, weil er von Beruf Elektriker war. Der doppelte Verhau war nämlich elektrisch geladen, teils mit 380 Volt, teils mit 700 Volt. »Daß einem die Flucht durch den Stacheldraht gelang, habe ich in acht Jahren nicht erlebt.«

Wenn morgens von einem Häftling gesagt wurde, er sei nachts »in den Stacheldraht gegangen«, dann hieß das, daß er Selbstmord begangen hatte. Aber 380 Volt sind nicht immer tödlich. »Es ist auch vorgekommen, daß ich einen lebend wieder aus dem Stacheldraht gezogen habe.«

So wie er neben mir auf dem Sofa saß, war der alte Münchner neunzig Kilo schwer. Damals wog er noch 45 Kilo. Alle vierzehn Tage schaltete er befehlsgemäß den Strom ab und kroch an der Spitze einer Elendskolonne von ausgemergelten Häftlingen jätend und putzend durch seinen Stacheldraht. »Kein Hälmchen«, sagte er, »durfte dort wachsen.

Absolute Ordnung und Sauberkeit im Stacheldraht, das war denen ihre Zwangsvorstellung bis zum Schluß.«

Zum Schluß kamen die Amerikaner. Eine ungeheure Bewegung ging durch die Masse der Gefangenen, als der Stacheldrahtwart im Konzentrationslager Dachau den Strom abstellte. Was noch laufen konnte, das lief zum Stacheldraht, griff hinein, klammerte sich daran hoch. Es gibt Bilder davon. Es sind die einzigen schönen Bilder aus Dachau. Sie zeigen, in den Stacheldraht gepreßt, Gesichter ganz verzerrt von Glück.

In diesem Augenblick jedoch gab es in Dachau eines nicht. »Es gab keinen Gedanken an Gerechtigkeit. Keinem von uns kam es in den Sinn, die Schuldigen festzunehmen und sie einem Richter zu übergeben. An Gerechtigkeit und Strafe war kein Gedanke.«

Nicht am ersten Tag, nicht am zweiten und auch am dritten nicht. »Erst etwa zwei Monate danach kam es mir jäh in den Sinn: Die Verbrecher, um Gotteswillen, die laufen ja frei herum.«

Zwei Monate danach hat der Mann, mit dem ich sprach, ein Komitee ehemaliger Häftlinge gegründet, das sich der Aufgabe widmete, die Schuldigen dingfest zu machen und sie der Justiz zu übergeben. Dieses Komitee hat gründliche Arbeit getan. Obwohl sich die bayrische Justiz nicht danach drängte, sind die meisten Verbrecher von Dachau vor Gericht gekommen. Mein Gesprächspartner hätte stolz darauf sein können.

Er war es nicht, als ich in seinem Reihenhaus an der Oberbibergerstraße mit ihm redete. Im Gegenteil, er war voller Zweifel. »Bei solchen Verbrechen«, sagte er, »gibt es zwei Reaktionen.« Die zweite Reaktion ist es, nach Gerechtigkeit und Strafe zu verlangen. Aber das ist eine spätere Reaktion.

»Die erste Reaktion«, fuhr er fort, »ist viel elementarer. Wie im Schauspiel ist das, wenn der Vorhang fällt. Die Tragödie ist vorbei. Vorbei für die Täter, vorbei für die Opfer. In alle Ewigkeit vorbei.«

Mit verhaltener Bewegung wandte sich der Stacheldrahtwart von Dachau mir zu. »Es war vorbei«, wiederholte er leise. »Und du nahmst dein Bündel, und du machtest dich auf den Weg. Irgendwohin. Zu deiner Familie.« Er schwieg einen Augenblick und fügte dann, noch leiser, hinzu: »Wenn du noch eine hattest.«

Seneca über das Glück in Leipzig

»Bona rerum secundarum optabilia, adversarum mirabilia.«

In einem Gespräch zur Frage, wie dieser Satz Senecas zu übersetzen sei, und was er denn bedeute, gab einer meiner Freunde, ein alter Kommunist, den folgenden Bericht:

»Im Winter 1941 saß ich, angeklagt des Hochverrats, im Untersuchungsgefängnis an der Beethovenstraße in Leipzig. Von allen Gefängnissen und Lagern des Dritten Reiches, in denen ich gesessen habe, war dies das einzig angenehme. Das lag daran, daß meine Zelle eine Holzdiele hatte und eine Dampfheizung, die in fünf Rohren der Wand entlang zur Decke stieg.«

»Schon war der Krieg in Rußland losgebrochen, und die ersten schlimmen Nachrichten kamen von der Winterfront. Meine Welt aber waren die beiden Bücher, die ich zweimal in der Woche aus der Gefängnisbibliothek ausleihen durfte. Der Beamte, der mich bewachte, war alt und deshalb nachsichtig. Er ließ es zu, daß ich meine Matratze so gegen die Dampfheizung lehnte, daß ich beim Lesen wie in einem Sessel saß.«

»In diesem Augenblick durchfuhr mich ein Hochgefühl, wie ich es nie im Leben zuvor gekannt habe und nie danach. Ich könnte jetzt in Rußland liegen, dachte ich. Ich könnte mir Nase und Ohren abfrieren. Ich könnte mich selbst und andere ums Leben bringen in diesem blödsinnigen Krieg. Aber ich sitze im Untersuchungsgefängnis an der Beethovenstraße in Leipzig, halte den Rücken an die Dampfheizung und lese voll atemloser Spannung Senecas Spottgedicht auf die Dummheit von Kaiser Claudius.«

»Bona rerum secundarum optabilia, adversarum mirabilia.« Im Glück, sagt Seneca, bekommst du, was du erwartest. Doch was das Unglück dir beschert, ist ungeahnt und staunenswert.

Höchst sonntägliche Weisheiten im Monat Dezember

Das Schwein von Bethlehem

Kennt ihr das Paramenten-Geschäft in der Komödienstraße zu Köln am Rhein? Im ganzen Land gibt es kein zweites Geschäft mit so erlesenem Weihrauch. Ist der Advent gekommen, so zieht es mich, Jahr für Jahr, mit der großen Weihrauchbüchse unterm Arm, hin zu diesem Kölner Laden. Und da kein anderer Kunde heute noch soviel Weihrauch kauft wie ich, schenkt mir die Verkäuferin jedesmal verstohlen einen frommen Schwatz.

Dieses Jahr freilich wirkte sie zum ersten Mal verstimmt. »Gerade«, vertraute sie mir an, »war der Vertreter für Weihnachtskrippen da. Sie wissen, von dieser Firma in Südtirol.« Ich nickte. Der Beitrag dieser Firma zur neuen, kreativen Liturgie ist allgemein bekannt, wenn auch von mir nicht so geschätzt wie von so vielen anderen. Was mochten die Südtiroler Modernisten als neuesten Fortschritt in der Frömmigkeit angerichtet haben? »Sie werden es nicht glauben«, seufzte die Verkäuferin, »die haben jetzt eine modernisierte Weihnachtskrippe im Angebot.«

Hilflos versuchte ich, mir vorzustellen, was an der Krippe von Bethlehem überhaupt modernisierbar sei, als die Verkäuferin ihre Stimme senkte: »Stellen Sie sich vor, die haben sich nicht geschämt, zu den alten Figuren von Ochs und Schaf und Esel hinzu vor die Krippe Jesu Christi als modernen Gag ein Schwein zu stellen.«

Einen Augenblick schwieg sie vor verhaltener Erregung. »Ich war selber mit einer Studienreise in Bethlehem«, fuhr sie dann fort, »ich habe die Weiden Palästinas mit eigenen Augen gesehen und die Schafe drauf. Ziegen sieht man dort manchmal auch. Aber Schweine? Wenn die in Südtirol schon keinen Respekt mehr haben vor der katholischen Tradition und keine Kenntnis der biblischen Geschichte, dann sollten sie wenigstens Rücksicht nehmen auf den christlich-jüdischen Dialog. Jesus war ein Jude. Ein Schwein in einem jüdischen Stall, das ist ein Sakrileg!«

Ich bin ein Mensch, der anderen am liebsten Recht gibt. Diesmal freilich, die Weihrauchbüchse fester klemmend unterm Arm, entschloß ich mich zum Widerspruch. »Junge Frau«, sagte ich so väterlich als möglich, »Sie wissen, daß die alten Dinge in der Kirche meinem Herzen näherliegen als die neuen. Doch dürfen wir die Sehnsucht des Herzens nicht verwechseln mit der Wirklichkeit der Welt. Sonst würde unsere Religion zu einem sich selbst abstaubenden Museum. Wichtiger als das getreue Festhalten alter Dinge ist deshalb letzten Endes doch die mutige Öffnung hin zur Gegenwart. So können auch die Tiersymbole vor der Krippe Jesu nicht immerdar historisch bleiben. Ochs und Schaf und Esel mögen historisch sein, doch verkörpern sie symbolisch eine fromme Harmlosigkeit, die auf den heutigen Menschen verstaubt und langweilig wirkt, bigott und unaufrichtig. So war es sicher höchste Zeit, die moderne Welt zur Krippe Jesu zuzulassen. In der neuen, aufregend ehrlichen Symbolgestalt des Schweins.«

Von der ungeheuren Macht der Religion

Wenn ich mich heute anschicke, den Namen jener Bar preiszugeben, die unter Eingeweihten als die schönste Bar gilt in ganz Kanada, so geschieht dies nicht aus eitler Geschwätzigkeit, sondern, im Gegenteil, aus religiösen Gründen. Die Rede ist von der Mac Kenzie Bar.

Im höchsten Norden, weit jenseits vom Polarkreis schon, wo der Mac Kenzie-Strom sich in die Beaufort-See ergießt, da liegt sie einsam, die Mac Kenzie Bar. Wer sie zur Sommerzeit besuchen will, der muß auf einer der schlimmsten Straßen der Welt, dem Dempster Highway, vierhundert Meilen Schotterpiste überwinden. Vergebliche Strapaze. Im Sommer ist in der Mac Kenzie Bar nichts los. Erst wenn die arktische Winternacht sich über diese häßlichste aller Landschaften legt, erst dann kommen sie.

Auf Schlammstraßen, die gefroren nur befahrbar sind, kommen sie aus allen Gas- und Erdöl-Löchern an der Beaufort-See angefahren, auf Motorschlitten aus den Creeks des Richardson-Gebirges: süchtige Ingenieure, schwangere Eskimos, schwule Indianer und, im Mittelpunkt, eine verwegene Rotte von Trappern und von Jägern, die zusammen, nach dem achten Chivas Regal, übermannt vom Heimweh nach Oxford und nach Cambridge, Sophokles auf griechisch rezitieren. Bis endlich, in später Nacht, die Tür zum Dining Room sich öffnet: »Ladies and gentlemen, your dinner is ready!«

Es war in einer eisig wüsten Nacht im Dezember, es war beim siebten Chivas Regal, und alle dachten schon an Sophokles, als die Tür zur Bar jäh aufsprang. Mit dem Sturm hereingefegt kamen acht tief vermummte Gestalten.

Zuerst dachten wir, ein Kinderheim habe sich verirrt an dieses unwirtliche Ende der Welt. Dann, als die acht sich aus ihren Daunenjacken schälten, traf alle die Erkenntnis wie ein Schlag: Eine Familie war eingebrochen in die Mac Kenzie Bar. Eine ganz normale Familie.

Vielleicht ist es wichtig, daran zu erinnern, daß die Mac Kenzie Bar in Kanada liegt, nicht in den Vereinigten Staaten. Kein brutaler Westen pflegt sich an dieser Bar zu treffen, sondern jenes zeitlose Gemisch aus sozialen und intellektuellen Außenseitern, das sich seit François Villons Tagen am äußersten Rand der europäischen Gesellschaft sammelt. Lauter Leute, die im Grunde nur eines zusammenführt: Sie sind alle auf der Flucht vor dem, was die deutsche Sprache, doppelsinnig, die Familienbande nennt.

Und nun? Verstört saßen alle da und warteten darauf, daß es losgehen würde, das aufdringliche Wir-Gehabe, das pampige Gequengel, das expansive Gekreisch, die aggressive Banalität, mit einem Wort, das ganz normale Familienleben.

Und dann die ungeheure Überraschung. Es ging nicht los. Obwohl die schönste Sesselgruppe gerade leer war, stürzte diese Großfamilie sich nicht drauf. Bescheiden und gesittet nahm sie in einer Ecke Platz. Und obwohl dort zwei Stühle fehlten, schleppte sie nicht von allen Seiten zusätzliche Sessel an. Jeweils zwei der kleineren Kinder setzten sich vielmehr zusammen auf einen Sessel. Still, freundlich, friedlich. Daß alle acht nacheinander aufs Klo gingen, fiel nur deshalb auf, weil sonst nichts geschah. Gar nichts.

Die Mac Kenzie Bar erstarrte in Sprachlosigkeit. Wie war es denn nur möglich, daß eine Familie, dazu noch eine so große, sich friedlich benahm, leise, gesittet und unaufdringlich?

Ich sah genauer hin. Die Gesichter der Eltern wie der Kinder wirkten zugleich ganz frisch und ganz alt. Ich spitzte die Ohren, und meine Verwunderung steigerte sich: Es war eine Familie von frommen Protestanten, in später Nacht angekommen als Voraustrupp für das am Mac Kenzie-River geplante »Victory Bible Camp«.

In diesem Augenblick erscholl aus der Küche der gewohnte Ruf: »Ladies and gentlemen, your dinner is ready!« Wie gewohnt öffnete sich die Tür zum Dining Room. Wie gewohnt gingen alle hinüber und nahmen Platz.

Und doch war alles anders. Eine ungeheure Stille lag über der Mac Kenzie Bar, als zuerst die beiden Eltern, dann die sechs Kinder die Hände falteten, als alle Köpfe der Familie sich senkten und der Vater andächtig sprach: »Lasset uns beten!«

Kaum einer betete mit. Aber ergriffen war jeder. Ergriffen bestaunten alle die ungeheure, die sittenbildende, selbst eine Familie friedlich stimmende Macht der Religion.

Das vollkommene Weihnachtsfest

»Achtung«, sagte der Vater, »seid still; gleich drücke ich auf den roten Knopf.« Das war der Höhepunkt des Weihnachtsfestes 1944. Und wenn Vollkommenheit dadurch definiert ist, daß nichts fehlt, gar nichts, so war es ein vollkommenes Weihnachtsfest.

Da war eine Dreizimmerwohnung in Zürich; eine Stube mit Zentralheizung und Parkett; Buffet, Sofa, Tisch und Stühle in Nußbaumfurnier; die Mutter mit der frischen Dauerwelle, der Vater frisch gescheitelt und den Scheitel frisch geölt; in der Ecke der Christbaum mit der hohen silbernen Spitze, vom Dachboden geholt und, wie jedes Jahr, behutsam aus dem Seidenpapier gewickelt. Doch das alles war noch nicht die Vollkommenheit. Vollkommen war ein Weihnachtsfest 1944 erst mit einer elektrischen Modelleisenbahn.

»Es ist eine Trix Express«, sagte der Vater. »Sie kommt aus Nürnberg. Dein Taufpate und ich haben sie zusammen in der Bahnhofstraße gekauft. Spur 00. Die haben die Deutschen extra entwickelt, damit sie auf so einen kleinen Stubentisch paßt. Achtung, ich drücke jetzt auf den Knopf!«

Und dann das Unfaßbare: Die wunderschöne kleine Dampflokomotive aus Nürnberg, an der selbst die Leitern in Gußeisen putzig nachgeformt waren, sie fuhr nicht etwa in die falsche Richtung los, nicht etwa zu langsam oder zu schnell. Nein, sie fuhr überhaupt nicht. Das deutsche Spielzeug tat keinen Wank.

Prüfend nahm der Vater die Lok in die Hand. »Nürnberg soll bombardiert worden sein«, sagte die Mutter besorgt. Auch die Gleise aus schwarzglänzendem Kunstharz sahen wir sorgfältig nach. Nirgendwo war ein Schaden zu erkennen. Doch die Lok stand unverwandt still. »Vielleicht liegt es am Trafo«, sagte der Vater, »der Trafo ist schweizerisch.«

Warum war der Trafo schweizerisch? »Wegen des totalen Kriegs«, erklärte der Vater. »Die Deutschen liefern keine Trafos mehr.« Gespannt hielten wir die Ohren an den schweizerischen Trafo. Er summte. An ihm also lag es nicht.

Plötzlich fiel mein Blick auf die Buchsen am Trafo. Über der einen war ein Plus-Zeichen, über der anderen ein Minus-Zeichen. »Papi«, sagte ich ganz leise, »es ist alles in Ordnung. Du hast nur beim Anschließen den positiven mit dem negativen Pol verwechselt.«

Und wie nun die Stirnlampen der Lokomotive märchenhaft aufleuchteten und der deutsche Zug losfuhr, lustig im Oval auf dem nußbaumfurnierten Stubentisch, da war es, als ob alle Engel von Nürnberg durch die Dreizimmerwohnung in Zürich jubilierten. Das Weihnachtsfest 1944 war vollkommen. Das ganze Leben, ich wußte es, würde vollkommen sein. Ich durfte nur den positiven und den negativen Pol niemals verwechseln.

Ode an die Geschirrspülmaschine

Dich singe ich, Geschirrspülmaschine!
Denn eines allein hat in den festlich verflossenen Tagen
Für christliche Ruhe gesorgt und für fromme Besinnung:
Als vor dem weihnächtlich staunenden Blick der züchtigen Hausfrau,
Des gütigen Vaters und vor dem munteren Schärlein der wohlerzogenen Kinder,
Die neue Geschirrspülmaschine zum ersten Mal weihevoll spülte.
Nach dem umweltbewußten Bio-Programme.
Hört ihr's, wie hurtig im magischen Kreise
Sich die Spülarme drehn
Schnellfingrig im blanken Gehäuse
Aus »Edelstahl rostfrei«?
Melodie der Enzyme!
Ein Gurgeln ist das, ein Schmurgeln,
Ein Pfnantschen, ein Plantschen,
Ein Saus und ein Braus
Den Ohren zum Schmaus,
zur Labung dem Geiste.

Ach, was für Banausen sind jene,
Denen das Technische technisch nur scheint
Und banal der Triumph der Maschine.

Denn Literaturen werden in Trümmer sinken und Ideologien spurlos verdampfen.
Doch diese Maschine wird allezeit bleiben,
Kündend noch fernsten Geschlechtern, was Goethe meint mit den Worten:
»Das Nützliche bleibt.«
Nützlich ist sie dem Weibe,
Doch nützlich dem Manne zugleich.
Friede nämlich den Ehen auf Erden,
Die eine Geschirrspülmaschine besitzen!
Wehe aber dem geizigen Gatten,
Dem ein gehässiges Weib, geplagt vom Albtraum des Spülens,
Die festlich Tafel vergällt. Denn
Spülen ist gräßlich.
Alle Knechtschaft der Frau
Liegt in dem Urteil beschlossen:
»Lebenslängliches Spülen«.

Dennoch nenne ich Torheit
Den Gedanken der feministischen Linken,
Die Arbeit am Spültisch zu teilen.
Geteilte Arbeit ist doppelte Arbeit.
Den Herrn auch versklaven
Heißt nicht die Sklavin befrein.
Einzig die Spülmaschine
Schlichtet den tödlichen Streit
der Geschlechter:
Wandelnd das Schicksal der Frau, rettet das Glück sie dem Mann.
Du Sklavin der Lüste Lukulls doch zugleich,

Züchtige Kampfgefährtin Alice Schwarzers,
Dich singe ich, Geschirrspülmaschine!
Denn die Marxisten wollen die Arbeit nur anders verteilen;
Es kömmt aber darauf an, sie abzuschaffen!

Im Anfang war die Wiederholung

Nie noch schrieb einer eine Theologie der Wiederholung. Einzig Romano Guardini hat einmal, versteckt in seinem Büchlein über den Rosenkranz, die Frage zu stellen gewagt: Wie kommt es, daß auf keinem Lebensgebiet soviel wiederholt wird wie in der Religion? Wie ist es möglich, daß die Frömmigkeit des Ostens ihre höchste Erfüllung findet im Klappern der Gebetsmühle: »Om mani padme hum, om mani padme hum ...?« Und warum hat kein Gebet dem Westen soviel Andacht geschenkt wie das unablässig wiederholte »Du bist gebenedeit unter den Weibern«?

Romano Guardinis Antwort fällt überraschend medizinisch aus. Der Rosenkranz, schreibt er, versetzt den Beter deshalb in einen Zustand gelöster Harmonie, weil Wiederholung mehr ist als nur das Stilgesetz der Frömmigkeit. Wiederholung ist vielmehr – ganz biologisch – das innerste Gesetz gesunden Lebens. Atmen wir nicht im unablässigen Gleichmaß der Wiederholung? Schlägt nicht unser Herz in unablässiger Wiederholung gleich? Nicht dann ist ein Mensch alt und verbraucht, wenn er nicht mehr fähig ist zum Neuen. Im Gegenteil: Erst wenn er die Fähigkeit verliert zur mühelosen, selbstverständlichen Wiederholung, erst dann stockt sein Kreislauf, erst dann braucht er einen Herzschrittmacher. Lustvolle Wiederholung ist das innerste Geheimnis des Lebens. Wiederholung macht jung.

Ich glaube, es war Otto von Habsburg, der aus diesem ehernen Gesetz der Biologie als erster die politische Konsequenz zu ziehen wagte. Wiederholt hat er im »Luxemburger Wort« darauf hingewiesen, daß es ein modernistischer Irrtum ist, zu glauben, Geschichte verlaufe linear, also in einmaliger Entwicklung geradeaus. In Wirklichkeit, so Otto, verläuft Geschichte zyklisch, im Kreis herum. So daß es also, scheint mir, genügt, hinter allen anderen möglichst weit hinterherzuhinken, um auch schon allen anderen möglichst weit voraus zu sein. So ist es gar kein Zufall, daß alle revolutionären Bewegungen der Welt den Völkern unablässig die gleichen Parolen eintrichtern. Weil nämlich Geschichte in alle Ewigkeit zyklisch revolviert, ist Wiederholung wesenhaft revolutionär.

Ich brauche jetzt gar nicht alles zu wiederholen, was Wilhelm Reich gesagt hat über den intimen Zusammenhang zwischen Revolution und Erotik. Genügen mag eine ganz bescheidene Beobachtung: Auf allen Straßen sieht man zur Zeit den Minirock wieder. Zum dritten Mal in meinem Leben ist der Minirock Mode. Und ich freue mich darüber. Um es ganz altväterisch zu sagen: Wiederholung ist sexy.

Unrecht nämlich haben jene, die behaupten, Pornofilme seien deshalb so langweilig, weil sie immerzu das Gleiche zeigen. Das Gegenteil ist wahr. Langweilig sind Pornofilme, weil sie krampfhaft und künstlich versuchen, eine Sache zu variieren, die lustvoll und schön nur ist in der allereinfachsten Wiederholung. Gemäß dem klassischen Wort von Marilyn Monroe: »Do it again!«

Ich komme jetzt zu Goethe. Nicht umsonst beginnt das großartigste Werk deutscher Sprache mit einer ausdrücklichen, feierlichen Wiederholung: »Ihr naht euch *wieder*, schwankende Gestalten!« Versuchen wir uns einen Augenblick vorzustellen, was aus dem »Faust« geworden wäre, hätte Goethe eine neudeutsche Oberschule besucht, hätte er dort gelernt, daß Wiederholung eine Todsünde sei, ja hätte man ihm, eine Kindheit lang, eingetrichtert: »Johann Wolfgang, du mußt das differenzierter ausdrücken.« So ein neudeutsch verbildeter Goethe hätte nicht mehr zu schreiben gewagt als: »Ihr naht euch, schwankende Gestalten!« Es genügt, den Satz im Ohr zergehen zu lassen. »Ihr naht euch, schwankende Gestalten!« ist geistlos, glanzlos und banal. Im »wieder« erst schwingt Schicksal, schwingt Geheimnis. Aus dem »wieder« leuchtet Tiefsinn. »Ihr naht euch *wieder*, schwankende Gestalten!« ist genial.

Als ich ein kleiner Junge war, ging ich oft, an der Hand meiner Mutter, über den Zwiebelmarkt in Bern. Da saßen die alten Zwiebelweiber zusammen, unablässig schwatzend, unablässig nach demselben Stilprinzip: »Und dann, und dann, und dann – u de, u de, u de.«

Zu Hause angekommen machte ich mir eines Tages den Spaß, die Zwiebelweiber von Bern nachzuahmen: »U de, u de, u de.« Mein Vater ließ die

Zeitung fallen. »Bub«, sagte er, »halt's Maul!« Und etwas ruhiger fügte er hinzu: »Die Art, wie alte Frauen reden, mag unter der Würde eines kleinen Jungen sein. Aber sie ist nicht unter der Würde Gottes. Gott selbst denkt und spricht nicht anders als die alten Weiber auf dem Zwiebelmarkt in Bern.« Mit diesen Worten griff er zur Heiligen Schrift und las mir das allererste Kapitel vor: »Und Gott schuf, und Gott schuf, und Gott schuf ...« Als wolle der Heilige Geist im Augenblick der Schöpfung beschwörend kundtun: Im Anfang aller Dinge war die Wiederholung.